シリーズ「遺跡を学ぶ」013

古代祭祀とシルクロードの終着地

沖ノ島

弓場紀知

新泉社

古代祭祀とシルクロードの終着地
―沖ノ島―
弓場紀知

【目次】

装幀　新谷雅宣
本文図版　松澤利絵

第1章　神体島、沖ノ島

1　玄界灘の孤島、沖ノ島

玄界灘の荒波

神体島《しんたいとう》とは島自体が御神体としてまつられている島のことであり、四周を海に囲まれた日本には各所にある。瀬戸内海にある大山祇神社《おおやまづみじんじゃ》をまつる大三島《おおみしま》や、伊勢湾に浮かぶ潮騒の島・神島《かみしま》などがあげられるが、なんといっても古来より今日にいたるまで連綿と神体島として人びとのあつい崇敬を受けているのは、九州の玄界灘《げんかいなだ》に浮かぶ神体島・沖ノ島《おきのしま》である（図1）。

沖ノ島は現在、宗像大社《むなかたたいしゃ》の沖津宮《おきつみや》をまつり、神官が交代で勤務する絶海無人の孤島で、まわりを玄界灘の荒波がうちよせる。その位置は、福岡市の北北西七七キロ、宗像市神湊《こうのみなと》より六〇キロ、大島《おおしま》より四九キロ、壱岐島《いきのしま》より五九キロ、対馬《つしま》より七五キロ、韓国釜山《プサン》より約一四五キロの位置にある（図2）。

その島影は大島を出た直後に、北の方角にとらえることができる。大島を出ると急に波が荒くなり、船は波にほんろうされ、船に自信のない私にはつらいところである。かつて沖ノ島の発掘調査のため何度となく渡島したが、大島を出た時に受ける玄界灘の荒波の洗礼にはいつも辟易とさせられた。

沖ノ島に渡るには、まず本土の、辺津宮《へつみや》のある宗像大社で渡島祭をおこなうことになっている。近ごろでは沖ノ島近海は玄界灘随一の釣り場となり、土曜の深夜から舟をこぎ出す釣り客が多いが、われわれはどうもちゃんと手続きをふまないと安心できない。宗像大社の拝殿で神官からおはらいを受け、「これより神体島・沖ノ島に調査のため渡島することをお許しください」と許しをこいねがう。そしてまず中津宮《なかつみや》のある大島へ渡り、翌朝、沖ノ島に向けて出航

図1 ● 沖ノ島
島の右側、海岸線にそって白く見えるところが波戸場。祭祀遺跡はそこから蛇行してのぼり、島の中腹の谷あいにある。

することになる。だいたいは明けがたの凪をねらって出航することになるが、大島付近が凪いでいても、沖ノ島周辺の海が波しずかとはかぎらない。つねに、沖ノ島に勤務する神官と無線で状況を連絡しあい、出航を判断する。

緑なす神体島

沖ノ島は、東西約一キロ、南北約〇・五キロ、周囲約四キロで、東北東より西南西を長軸とする楕円形の島である（図3）。

島はまわりを対馬暖流が流れ、常緑樹におおわれている。島には一ノ岳・二ノ岳・三ノ岳があり、一ノ岳が最高地点で海抜二四三メートルをはかる。島の南東は急峻な地形となり、尾根からの崖が一気に海までのびている。とても船をつけたり、上陸できるような地形ではない。それに対して島の北西は小さな尾根が幾本もゆるやかにながれ、わずかながら砂浜もある。

沖ノ島は全島石英斑岩《せきえいはんがん》でおおわれ、白っぽい荒けずりな巨岩が急峻な東南斜面に露頭していたり、海岸に転石していたりして、はるかかなたから見えた「緑なす神体島」というやさしい

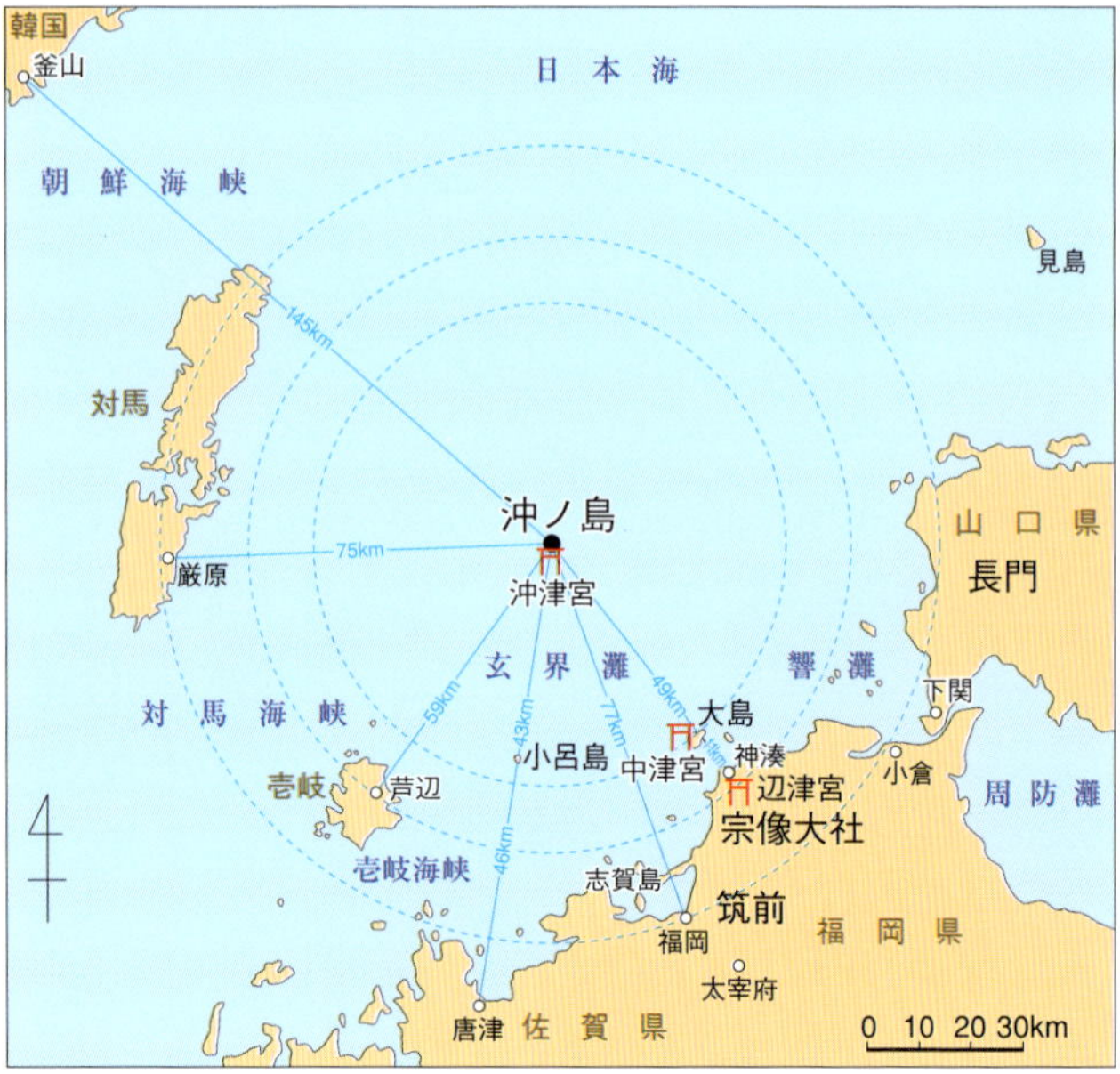

図2 ● 沖ノ島の位置
古代に韓半島・大陸との深いつながりがあったことをうかがわせる位置にある。

イメージをふきとばす。

沖ノ島はオオミズナギドリの天国である。島では通称オガチといっているが、この島は自力で飛びたつことができず、タブの大木の傾斜を滑走路にして飛びたつ。夜になると赤子の鳴くような無気味な鳴き声をたて、漆黒の孤島の闇夜に聞くその声は、なんとも陰鬱であり、気が滅入ってくる。

神体島である沖ノ島は現在も厳格に女人禁制《にょにんきんせい》を守っている。一般の人の島への立ち入りも許されない。年に一度、五月の大祭のときにのみ、宗像大社に申し込み入島できる。漁師はたいてい夫婦で幾日か沖ノ島に停泊して漁をおこなうが、女性は波戸場までは立ち入ることが許されるが、鳥居をくぐることは許されない。男子もみだりに島のなかに立ち入ることは許されない。島に入るためには、まず沖津宮の社務所の横の浜辺でみそぎをおこなう。初夏や初秋のころならばさほどの苦業とは感じないが、真冬や晩秋のころのみそぎは、身を切るような冷たさでとてもつらい。渡島のたびにみそぎをおこなったが、海の中に身体を沈め、一心に手をあわせると、はじめて「神体島」、沖ノ島にやって来たという感慨になる。

図3 ● 沖ノ島地図
波戸場近くに沖津宮と生活遺跡の正三位社遺跡があり、北方は常緑樹におおわれている。

2　神域への序章

縄文・弥生時代の沖ノ島

みそぎをすませ、鳥居をくぐるとそこから先は神の支配する世界、神域である。波戸場の西側にわずかではあるが砂浜があり、その上に山頂から転落してきたとおもわれる大きな岩が海に向かってでんとすわっている。太鼓岩《たいこいわ》といい、その周辺は平坦な地形をなしている。

この平坦なところに、かつて沖津宮の社務所と正三位社《しょうさんみしゃ》がおかれていたが、一九七二年（昭和四七）の鉄砲水により太鼓岩は落ち、崖面はざっくりと削りとられ、いまは見るかげもない。

社務所からの眺望は絶景である。晴れた日にははるかかなたに本土を望むことができ、また壱岐・対馬の島影をもうっすらととらえることができる。

この社務所のあるところからは縄文・弥生時代の土器や石器、魚貝類や獣の骨などが出土しており、沖ノ島で唯一の生活遺跡である。

この縄文・弥生の生活遺跡から出土した土器類（図4）や石器類は当然本土から持ち運ばれてきたものであることはいうまでもないことであるが、くわしく分析してみると宗像周辺だけでなく、大分、熊本、北九州、山口、そして瀬戸内海沿岸の広い範囲にわたり、さらには朝鮮の金海《キムヘ》系の土器も含まれていることがわかった。沖ノ島は縄文時代前期から、玄界灘をとりまく北部九州沿岸、周防灘、瀬戸内海沿岸の漁民たちの立ち入るところであり、近海が豊かな漁場だったのである。

図4 ● 旧社務所前遺跡から出土した土器
上：縄文土器。縄文時代前期の曽畑式土器が出土している。
下：弥生土器。韓半島で盛行した無紋土器の系譜を引くものもある。

また、出土した獣骨のなかには今日では玄界灘、北部九州には生息しないアシカの骨がかなり含まれ、縄文・弥生のころには沖ノ島にアシカが棲息したことがわかる。沖ノ島出土のアシカの獣骨を調査した早稲田大学（当時）の金子浩昌《かねこひろまさ》氏は「これらのアシカ類は島の周辺に棲息し、繁殖期にはここに上陸することがあろう。沖ノ島の北東三七〇キロメートルにある日本海中の竹島にはかつて多数のアシカが棲息し、その捕獲も近年までおこなわれていた」と述べ、縄文・弥生人の渡島の目的の一つにアシカの捕獲があったことが考えられると推測している。

沖ノ島前史ともいうべき縄文・弥生人の渡島と生活遺跡があるという事実は、ともすれば神体島・沖ノ島という固定観念でとらえてしまうわれわれには意外なことである。それとともに縄文・弥生人の航行技術のたしかさと、彼らの生活行動範囲の広さを知ることができる。

沖津宮への道

社務所から沖津宮までは四百段の石段をいっきにかけあがらなければならない。

沖津宮への道は社務所から沖津宮をへて一ノ岳の灯台へ通じる道が本線であり、波戸場の東側から黄金谷《おうごんだに》にそって沖津宮にいたる道は裏参道といわれ、この道は沖ノ島を縦断し、東北の鼻にある沖ノ島灯台へと通じている。

一歩石段をふみ込むと、天然記念物に指定されている昼なお薄暗い照葉樹林《しょうようじゅりん》帯のうっそうとした樹林のなかにすい込まれる。春や秋の季節ならまだいいが、夏は山ヒルとあぶの大群の攻撃を覚悟しなければならない。島の周囲を対馬暖流が流れているため、この島には紅葉、落葉という季節的変化はなく、ほぼ年中、常緑樹におおわれている。

石段を登りつめると、少しゆるやかな傾斜となり、ちょうど階段の踊り場のような地形となっている。海抜約九〇メートルくらいにあたる。その沖ノ島の中腹に沖津宮社殿がまつられている。祭神は宗像三女神の一、田心姫命《たごりひめ》である。白木造りで内陣《ないじん》、外陣《がいじん》、幣殿《へいでん》、拝殿《はいでん》からなり、板葺きの重厚なつくりである（図5）。

その沖津宮の社殿の左奥に高さ十数メートルの巨岩が屹立し、その岩陰は洞穴のようになっており、「御《お》金蔵《かなぐら》」と呼ばれている。沖津宮の社殿がいつ造営されたかは明らかでないが、『宗像神社史』によれば一六四四年（正保元）の宗像家文書には「沖島御遷宮」という記載があり、このころには規模の大小の別はあるとしても社殿の設備があり、造営がおこなわれていたことは明らかである。それ以前は小さな祠のようなものがあったことは考えられるが、沖津宮への奉納品は背後の「御金蔵」のなかに収められていたのであろう。

図5 ● 沖津宮社殿
宗像三女神の一、田心姫命をまつる。背後の左手に御金蔵がある。

巨岩群のなかの祭祀遺跡

この沖津宮をとりかこむようにして巨岩が累々としており、この巨岩群がいわゆる沖ノ島祭祀遺跡である（図6）。

板葺き白木造りの社殿とその背後に累々とそびえるざっくりとした白い岩肌の巨岩群、密生した照葉樹林帯がおりなす神域の情景は、まさに日本の原始神道の世界そのものであり、自然信仰をそのみなもととした日本の神道の世界のもっともプリミティブな情景をかたちづくっている。

巨岩は太古の昔に山頂より転落し、この平坦な地に集積したものであるが、小さいもので高さ七、八メートル、大きいものになると

図6 ● 沖津宮の背後の巨石群（模型、国立歴史民俗博物館制作）
それぞれの岩の上や裾に祭祀遺跡がある。実際は樹林におおわれている。22号遺跡のあるM号巨石は右上奥の樹林のなか、1号遺跡は沖津宮の手前にある。

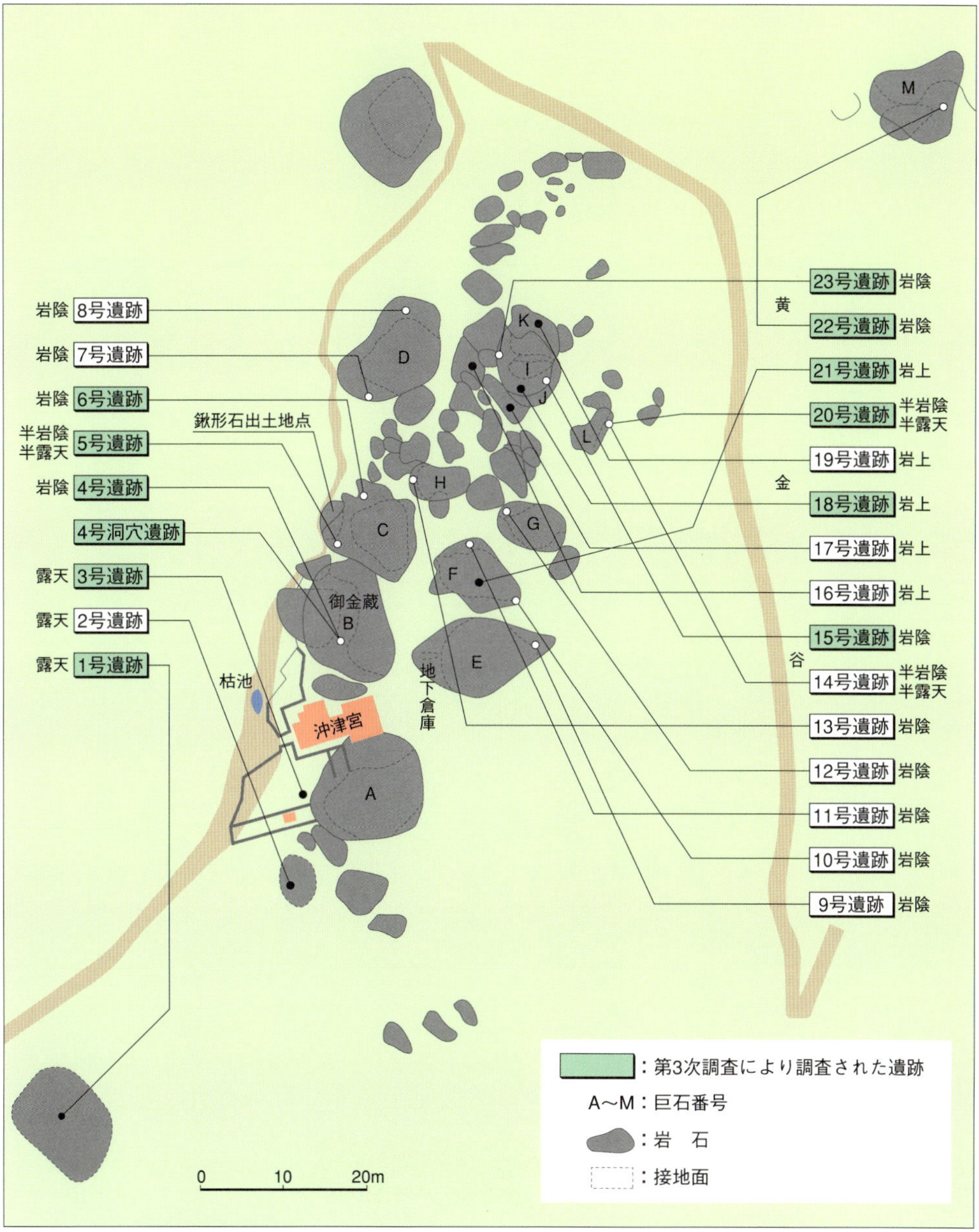

図７ • 沖ノ島祭祀遺跡の配置図
図６の模型と対照すると、巨岩の配置と位置関係がわかる。
巨岩群のある地形は北（図の上方）から南に傾斜している。

十数メートル以上にもなる。天空に向かって屹立する巨岩、あるいは上面が平らになった巨岩などがあり、古代人はこの巨岩に神が降臨するものと考えたのである。巨岩はいわゆる磐座《いわくら》である。人間世界の代表者である司祭者（シャーマン）が座して、祭儀をとりおこなう場である。巨岩を磐座・依代《よりしろ》の対象とする祭祀遺跡は縄文時代からあり、沖ノ島の屹立する巨岩が磐座として神の降臨する場と考えられるようになったのは自然のことである。

沖ノ島の巨岩群はもちろん人為的に配置されたものではなく、山頂からの落石によって形成されたものであり、整然と構成されているものではない。調査団では、この巨岩群を沖津宮から参道に沿ってA・B・C・Dとし、その背後の小高い位置にある巨岩をE・F・G・H・I・J・K・L、そして一つ飛びはなれて黄金谷に面したところにある巨岩をMとしている。このアルファベットのついた巨岩の岩上、もしくはその岩陰には祭祀遺物が発見されており（図7）、その発見された遺跡の数は、全部で二三カ所にのぼっている。

沖津宮の左右にそびえたつA号巨岩、B号巨岩は、沖ノ島祭祀遺跡のなかではひときわ高くそびえる巨岩である。御金蔵と称されていたのはB号巨岩であり、その大きさは南北一五メートル、東西一〇メートル、高さ約一〇メートルある。

この御金蔵のあるところは洞窟となっており、周辺の祭祀遺跡から発見された遺物はすべてこの御金蔵のなかに収納されていたといわれている。古代の遺物ばかりではなく、近世の紅皿《べにざら》、素焼きの壺、鉄製三叉矛《さんさほこ》、懸仏《かけぼとけ》などが雑然と収められ、今日でも散在している。とりわけ白磁の紅皿が多く、なかには紅が入れられていたものとおもわれる。沖ノ島の祭神が田心姫命であることから、宗像三女神を信仰する庶民たちが女神への奉献品として収めたものであろう。

御金蔵の金銅高機

御金蔵にはこうした近世の遺物ばかりでなく、古墳時代の祭祀遺物も多数含まれるが、なかでも伝御金蔵出土品としてもっとも有名なのは金銅製高機《こんどうせいたかはた》である（図8）。全長四八センチ、幅一六・七センチ、前脚の高さ一二・八センチの雛形の座機《いざりばた》形式の機である。精巧に作られており、機にともなう付属品もそろって、全面に鍍金を施している。この金銅製高機は、今日、辺津宮のある宗像大社神宝《しんぽう》館《かん》に展示されている。

ところで一六三九年（寛永一六）、黒田藩は沖ノ島に防人《さきもり》をおき、玄界灘の監

図8 ● 金銅製高機
1605年（慶長10）ごろ、御金蔵から持ち出され、黒田藩々主黒田長政のもとに差し出されたといわれる。伊勢神宮の神宝にも同型の機がある。奈良〜平安時代の作。

視と防衛にあたらせた。防人は足軽《あしがる》三名、水主《すいしゅ》四名、宗像大島から役夫《えきふ》二名の九人からなり、五〇日勤務であった。その防人として沖ノ島に警備役で渡った一人に国学者の青柳種信《あおやぎたねのぶ》がいる。

彼は文政年間に『柳園古器略考《りゅうえんこきりゃくこう》』をあらわし、筑前国から出土した考古遺物について図面入りでくわしい紹介をしている。一七九四年（寛政六）三月に沖ノ島に渡り、その時の紀行を『瀛津島《おきつしま》防人日記』としてまとめているが、祭祀遺跡、祭祀遺物については「拝殿の前にから堀あり、又窟側にありて御宝蔵という。おろがみ奉りてのりとささぐ」と記しているだけである。「御宝蔵」とは御金蔵のことである。不言島《おいわずじま》（おいわず様）として、島で見聞したことは決して話してはならないという掟が定められた当時にあっては、やむをえないことであろう。

しかし、そうした掟があったにもかかわらず、神宝は密かに島から本土に持ち出され、好古家たちの関心をあつめていたようである。

3　聖域へのパイオニアたち

江藤正澄の沖ノ島調査

『東京人類学会雑誌』第六九号（一八九一年一二月発行）に「瀛津島紀行」という報告が掲載されている。この報告をよせたのは博多の大宰府神社の神官・江藤正澄《えとうまさずみ》である。

彼は一八八八年（明治二一）六月二四日から二七日にかけて沖ノ島に渡り、沖ノ島祭祀遺跡、祭祀遺物をつぶさに見聞し、道中の紀行を交えて、さらに祭祀遺物については図面入りで紹介している。沖ノ島祭祀遺跡について学術雑誌に報告されたのはこれが最初である。いくつか興味深い記述があるので少し紹介することにしよう。

沖津宮背後の巨岩群については「御本社の左右には凡三丈ばかりもあらんとおぼしき大磐石三ツ四ツ高くそびえて立」っていると記されている。御金蔵周辺の巨岩群をさしているのであろう（図9）。御金蔵については「左の大岩の下なる空虚の所をのぞきぬ。これ宝庫にて昔より今に至るまで神宝祭器の類を積み納めたり」とあり、さらに御金蔵のなかの宝物にまで記述は及んでいる。

御本社の左なる御宝蔵よりかつかつ見もて行く。其の中に銅器、鉄器の形も砕けてさだかならぬに所々鍍金のあざやかに見ゆるはいとめつらし。又温石の臼玉、硯子玉、蛇貝の玉など数もしられず埋もれり。もし鍬などもて来りて深く掘りなばいかばかりか珍しき物のいでくべき。

銅器とあるのはたぶん鏡類であろう。鉄器は鉄剣《てっけん》、鉄刀《てっとう》、鉄斧《てっぷ》などである。「鍍金のあざやか」というのは金銅製の馬具類であろう。温石《おんじゃく》は滑石《かっせき》のことで、滑石製の小《こ》玉《だま》、臼玉《うすだま》、蛇貝《へびがい》はあわび貝のことであろう。

図9●御金蔵
4号遺跡。間口1.8m、奥行6.7m。第3次調査のときに発掘され、6世紀後半の岩陰祭祀遺跡であることが確認された。

また彼は一号遺跡も見ており、われわれが彼から約一〇〇年後調査したときのそのままの状況を的確に表現している。彼の論文に紹介された図面類（図10）には、須恵器《すえき》の器台《きだい》、長頸壺《ながくびつぼ》の口、有孔壺《ゆうこうつぼ》、滑石製の舟《ふね》、臼玉、平玉《ひらだま》、あわび貝製品、銅鏡の鈕《つまみ》などがある。

彼の渡島目的が必ずしも学問的関心からであったかはどうも疑わしい。人類学者・清野謙次《きよのけんじ》博士の『日本考古学・人類学史』下巻には、「好古家の趣味生活」で江藤正澄をとりあげ、「是等の人びとは思想的に云っても旧好古家の最終に属せる人びとであり、其生活状況は江戸好古家の延長だと思うことが出来る。（中略）局部に研究としての詳しさはあったが、全体として覇気は乏し」いという。しかし、沖ノ島祭祀遺跡を研究者として最初に紹介したことは学史的に意義がある。

戦時下の沖ノ島と調査

一九〇五年（明治三八）五月二七日、沖ノ島周辺海域で日本海海戦がおこなわれたことはあまりにも有名である。この日本艦隊とロシアのバルチック艦隊の海戦を、当時役夫として大島から派遣されていた佐藤市《さとういち》

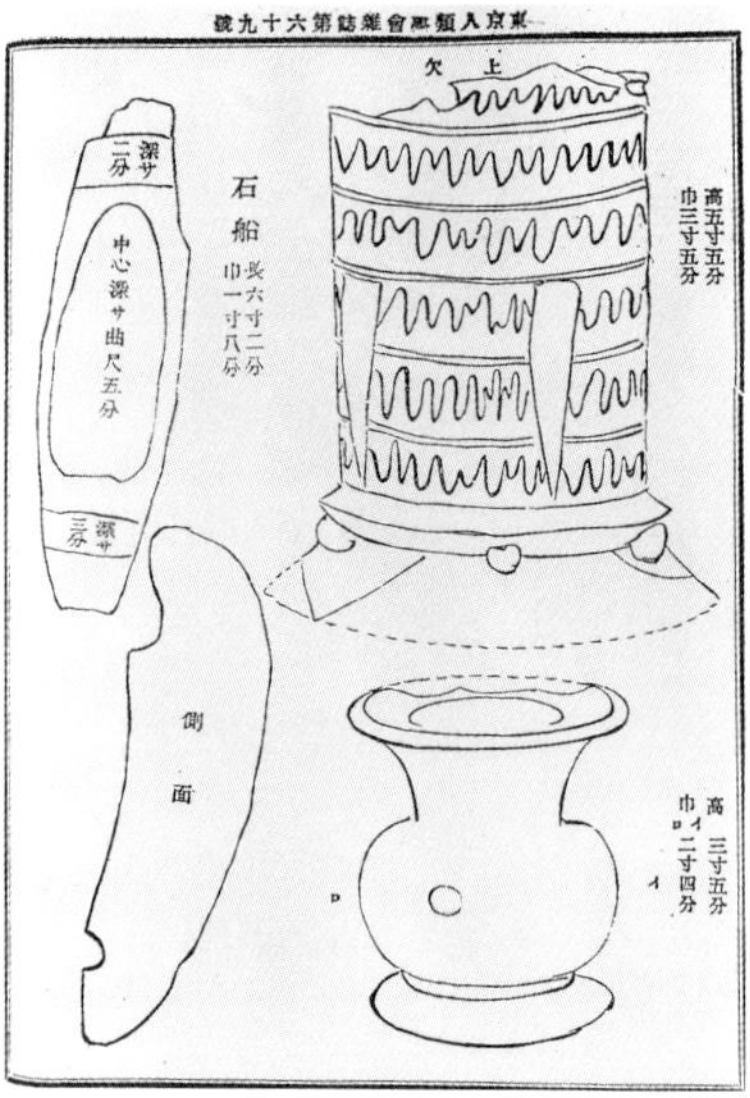

図10 ● 江藤正澄採集の滑石製舟形と採集品の図
滑石製舟形は1号遺跡、土器は5号遺跡の出土と考えられる。
江藤の採集品は宗像大社神宝館に保管されている。

五郎《ごろう》氏（当時一七歳）は沖ノ島からつぶさに目撃し「沖つ宮日記」に書いている。「天気晴朗なれど波高」かった沖ノ島西北の眼下の海上で、明治三八年五月二七、二八両日「殷々たる砲声は刻一刻と激しさを加え、為に天地は張り裂けん許りに轟き、砲声は一面に海上を覆ひ、閃光は爛々として全く凄絶壮絶の極に達した」状況を目のあたりにしたのである。

神体島・沖ノ島とて時代の趨勢から隔絶することは不可能だった。玄界灘に占める軍事拠点としての意味は次第次第に深まっていった。一九三七年（昭和一二）、沖ノ島に砲台が設置され、さらに陸軍の防備施設が設置され、陸海軍の兵士数百人が常駐することになった。

沖ノ島がこうして軍事要塞となり、研究者の渡島はいっそう困難となった。この状況は終戦まで続くのであるが、それでも豊元国《とよもとくに》氏や郷土史家の田中幸夫《たなかゆきお》氏ら数名の研究者が実際に島に渡り、沖ノ島祭祀遺跡を見聞し、遺物の調査をおこなっている。その一人、豊氏は國學院大学の学生時代、卒業論文に沖ノ島祭祀遺跡を研究テーマに選び、沖ノ島に渡っている。友人の案内で豊氏を広島県府中市の御宅にお訪ねし、その当時の様子などをうかがったことがある。

豊氏はその当時の見聞と、本土辺津宮で実見した祭祀遺物について『考古学雑誌』『考古学』で報告している。それは滑石製品、鏡、金属製品についてであり、とりわけ滑石製舟形についてはくわしい形式分類をおこなっている。当時の研究状況においては遺跡と遺物の総合的な研究は望み得べくもなく、またきわめて特殊な遺物であったため関連資料はほとんどなかった。豊氏が滑石製品の出土地点をすべて御金蔵とされたことは、当時においてはやむをえなかったと考えるしかない。

第2章　沖ノ島の発掘

1　学術調査のスタート

宗像大社復興期成会と宗像神社史の編纂

宗像神社（現在は宗像大社）は一八七一年（明治四）国幣中社《こくへいちゅうしゃ》に列せられ、一九〇一年（明治三四）には官幣大社《かんぺいたいしゃ》へと格上げされた。宗像神社はこれを不本意として一九二七年（昭和二）から勅祭社《ちょくさいしゃ》御加列請願運動を神社、県、県出身の衆議院議員らが一体となっておこなった。

当時の宗像神社は社格の高さに相反して建造物や神域の荒廃ははなはだしく、「由緒最顕著なる神社なるに拘らず、現今境内狭隘、建造物頽廃して神社の尊厳を失すること甚」だしと、第一回の請願書に記されている。復興請願運動ははじめ宗像郡出身の衆議院議員を中心としておこなわれたが、一九四二年（昭和一七）、郷土出身の実業家、出光佐三《いでみつさぞう》を長とする宗像大社復興期成会が結成され、神社の復興とともに、神社史の編纂が企画された。

宗像神社史の編纂は、当時成蹊《せいけい》高等学校教授の小島鉦作《こじましょうさく》氏を中心として神祇院《じんぎいん》、東京帝国大学史料編纂所、宗像神社神官らがあたり、一九六六年（昭和四一）に『宗像神社史』上巻・下巻・付巻（年表）の三部からなる大冊が完成している。

沖ノ島の祭祀遺跡の発掘もこの神社史編纂事業の一環としておこなわれた。さらに発掘調査を促した直接のきっかけは、当時進められていた沖ノ島避難港の建設事業で多数の工事関係者が沖ノ島に出入りするようになり、遺跡の保護が危惧されたからである。

工事関係者によって沖ノ島から祭祀遺物が持ち出されたことは実際あったようである。第三次調査の報告書完成の間際に、福岡のある美術コレクターから沖ノ島出土と伝えられる鏡一〇面、石釧《いしくしろ》、車輪石《しゃりんせき》、子持勾玉《こもちまがたま》、勾玉、鉄斧など百数十点の遺物が示され、われわれが発掘した二一号遺跡出土の鏡とピタリと接合したということがあった。その一括資料はその後、宗像大社に返還され、神宝館に保管されている。

第一次沖ノ島発掘調査

一九五四年（昭和二九）に沖ノ島の発掘調査団が結成され、第一次第一回調査（一九五四年五月二九日〜六月四日）、同第二回調査（同年八月五日〜一〇日）、同第三回調査（一九五五年六月五日〜一二日）、同第四回調査（同年一〇月一七日〜一一月二日）がおこなわれた。当時の調査団の団長は神社史編纂の委員長であった小島鉦作氏、現地の主任は九州大学助教授（当時）の鏡山《かがみやま》猛《たけし》氏があたることになった。

調査員は当時、九州大学文学部国史学科の学生であった小田富士雄《おだふじお》氏（現福岡大学名誉教授）、佐賀大学学生の松岡史《まつおかひとし》氏、熊本の坂本経堯《さかもとけいぎょう》氏（故人）、九州大学助手の渡辺正気《わたなべせいき》氏、そして中山平次郎《なかやまへいじろう》氏に師事していた原田大六《はらだだいろく》氏らが加わり、大学関係者あり、県関係者あり、アマチュアありと、まさしく混成部隊であった。東京から斎藤忠《さいとうただし》氏（当時文化財保護委員会）、三木文雄《みきふみお》氏（当時東京国立博物館）らが調査客員として加わっている。

調査の先導役として、日本海海戦を沖ノ島で目撃した佐藤市五郎氏が加わっている。佐藤市五郎氏は沖ノ島の生き字引ともいえる人であり、役夫・神官として明治時代から何度も沖ノ島に渡島している。

そのころは朝鮮戦争が終わり日本の経済がようやく立ちなおりをみせはじめた時期であるが、こうした学術調査に費やす費用はそれほど潤沢であったとはおもわれないし、食料事情とて十分ではなかった

図11 ● 第1次調査の状況

7号遺跡の発掘風景。人のはいつくばっているところが遺構面。

はずである。しかしそれにも増して、未知のベールにつつまれた沖ノ島祭祀遺跡を調査できるという魅力は、当時の状況の劣悪さをはねのけるものであったことであろう。

一九五四年五月三〇日、午前七時に神湊を出発した調査団は約四時間を費やして、沖ノ島に第一歩を印したのである。調査隊は、発掘調査の手順にしたがい、発掘調査をする前に現地踏査をおこない、つぎに地形測量をおこなった（図11）。

本土ならこうした作業はさほど苦にならないが、人跡未踏の原始林であり、さらに一木一草たりとも伐採してはならないところである。測量は困難をきわめ、懐中電灯を測量用のポールの頭につけて点滅させ、測量地点を確認したと、当時の調査日誌に記されている。

七号遺跡の豪華な遺物群

この第一回調査で発掘調査がおこなわれたのは七号、八号、一六号の三つの遺跡である。なかでも七号遺跡は、沖ノ島祭祀遺跡のなかでもっとも豪華な遺物を多数出土した遺跡である（図12）。

金製指輪、金銅製の馬具類（杏葉《ぎょうよう》、歩揺《ほよう》付雲珠《つきうず》、帯金具《おびかなぐ》等）、鉄製の武器、武具類、

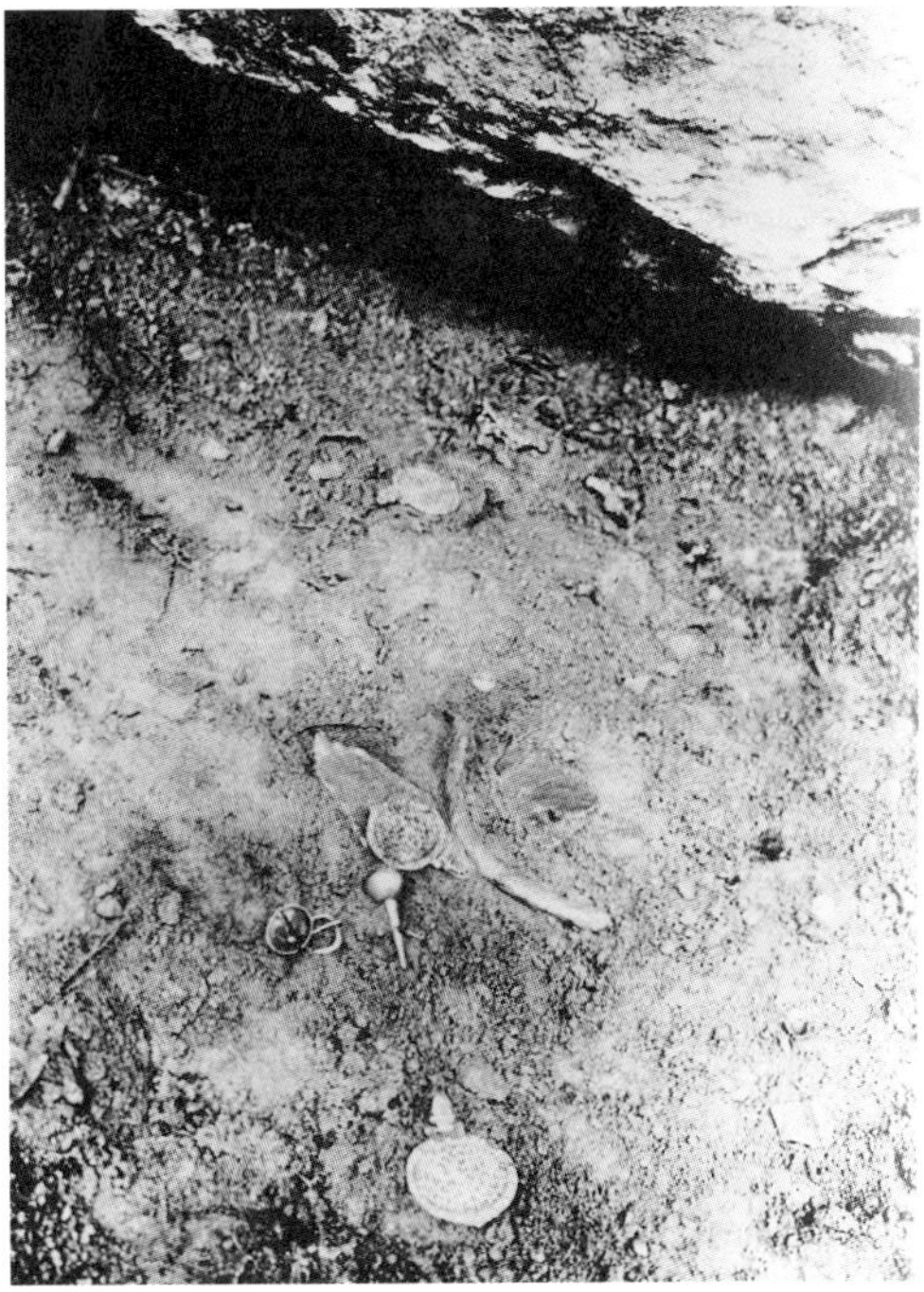

図12 ● 7号遺跡の出土状況
金銅製杏葉、歩揺付雲珠などが見える。

真珠玉（径 1.1cm）

歩揺付雲珠（高さ 9.2cm）

水晶製三輪玉（長さ 2.5 ～ 4.5cm）

図 13 ● 7 号遺跡出土遺物の一部
6 世紀の岩陰祭祀遺跡。金銅製の馬具や金製指輪、釧、鉄製武器、ガラス玉、水晶製三輪玉、唐三彩片などが露頭状態で発見された。

水晶製の三輪玉《みわだま》、ガラス製の玉、唐三彩などの豪華な遺物群が、巨岩の岩裾にぶちまけたように散在しているのであるから、いろいろな困難な状況におかれた調査隊の意気もさぞやあがったこととおもわれる（図13）。

沖ノ島の発掘にはスコップは不要である。沖ノ島では遺跡の上を枯れ葉がおおい、腐葉土となって遺構面をおおっている。遺跡の床面は岩盤層となっている。せいぜいその堆積は一〇センチから二〇センチであり、ところによって遺物は露頭していることがある。茶褐色の腐葉土に見え隠れするこうした金製、金銅製の遺物はさしもの調査員たちを驚嘆させたことは想像にかたくない。

ただ、薄暗い現場で、ローソクの明かりをたよりに微小な遺物の検出にとりくむことはかなり苦労をともなうもので、さらに岩陰の奥へと広がった遺物の検出には中腰になり、また地面にはいつくばっての作業である。さらに加えてあぶの襲撃には辟易と

図14 ● 8号遺跡の調査風景
手前は小田富士雄氏、奥は鏡山猛氏。1957年。

したようであり、調査日誌にも「あぶの襲撃には常に悩まされた。暑さのため素肌を出すこと多く、とまっては刺す。ことに岩陰の調査現場では追えども払えどもたかってくる。蚊取線香をたき、殺虫剤をまいてもあまり効果がない。打つか叩くかしながら遺跡に取りくむことは容易ではない」と記されている。当時の調査の写真にも、小田隊員がローソクの明かりをたよりに遺物の検出をおこない、その横で鏡山現地隊長がハエ叩きをもってアブを払っている様子を写した一コマがある（図14）。

いずれにしても神体島のベールはようやくはがされることになったのである。

2　巨岩上の調査

第二次調査

沖ノ島祭祀遺跡の巨岩は一定の規格性がなく無作為に集積している。どの巨岩を祭場とするかの一定の規則性はなく、巨岩が存在するところはすべて祭場となりうる。

この巨岩群のなかでも最高地点に位置するのがI号巨岩である。参道からの比高は一二メートルある。I号巨岩群の祭祀遺跡の調査は第二次調査にもちこされ、一九五七年（昭和三二）の夏と翌五八年の夏に二回にわたっておこなわれた。第二次調査には、新たに別府大学の賀川《かがわ》光夫《みつお》氏と熊本女子大学の乙益重隆《おとますしげたか》氏が加わった。

I号巨岩群は少し複雑な構造をしており、その裾に大小の岩が集積してI号巨岩の裾石のような構成をなし、Ｉ号がその上にすえられたような格好になる。そのため、Ｉ号巨岩のまわりにはいくつかのテラスができ、そこにはほんとうに猫の額のような平地ができている。このテラスや巨岩上に遺物が発見されたのである。

岩の裾におかれていた遺物

その一つが一六号遺跡である（図15）。Ｉ号巨岩と裾石が重なってできたテラスの平坦なところに鏡や鉄剣、鉄刀、鉄斧、碧玉《へきぎょく》製の勾玉、管玉《くだたま》、石釧、棗玉《なつめだま》が雑然とおかれていたのである。「おかれていた」というべきか「奉納されていた」というべきか、もしくは「隠されていた」というべきか、判じかねるような状況であった。

報告者は「遺物包含状態にも画然とした区分はなく、下位には玉類やバラバラの小鉄片が比較的に多く、上位には剣、刀など比較的に形の存する大きな破片が多くみられた。石釧の完形品は落葉や石片等

図15 ● 16号遺跡での三角縁神獣鏡の出土状況
岩の裾にはさみ込むようにして、鏡や鉄器類がおかれていた。後世の手が入っていないとするならば、岩を依代とし、こうした神宝を神に奉納したことになる。

を除くと直ちに出現し」たと、発見の状況を記している（図15）。

古墳のように石や土で遺物がおおわれているのではなく、落葉が遺物の上にのって腐葉土となって遺物をおおっていた。鏡が、鉄剣が、そして碧玉製の玉類が、むきだしのままで誰の手にふれられることもなく、また誰の目にとまることもなく、千数百年もの間、岩陰で眠っていたわけである。

千古の眠りのなかにある祭祀遺跡の調査にあたる隊員たちは、息をひそめつつつぎつぎに出土する遺物に興奮とおどろきを感じながら慎重に発掘を進めていった。

Ｉ号巨岩とその周辺を調査してみると、新たに一五号、一七号、一八号、一九号の四つの祭祀遺跡が発見された。その位置関係を図で示したのが図16である。

これで見ると、Ｉ号巨岩を頂点として、頂上に一八号遺跡があり、そのＩ号巨岩の裾の四方

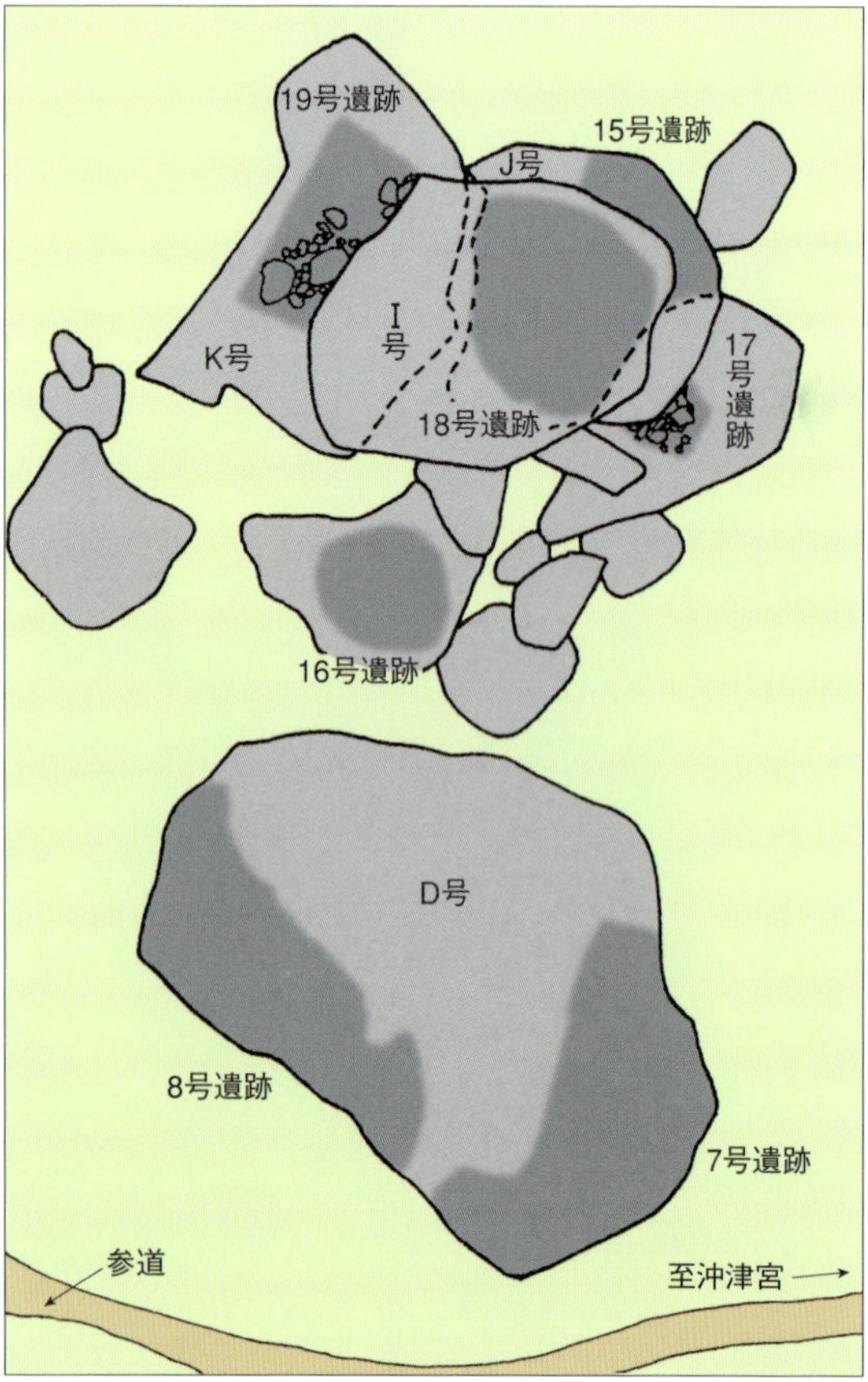

図 16 ● Ｉ号巨岩周辺の遺跡配置図
Ｉ号巨岩を中心として 15、16、17、18、19 号遺跡が構成されている。すべて 4 ～ 5 世紀の遺跡である。D号巨岩の 7、8 号遺跡は 6 世紀の遺跡である。巨岩祭祀（Ｉ号群）から岩陰祭祀（D号）へと移行していく。

に一五号、一六号、一七号、一九号の遺跡がある。いずれも岩陰の狭いテラスを利用して設置された祭場であり、人一人がやっと立てるという狭さであり、足場も不安定なところである。先に紹介した七号、八号の岩陰《いわかげ》遺跡を「岩陰の神殿」とすれば、I号巨岩とその裾の祭祀遺跡は「岩上《がんじょう》の神殿」と呼ぶことができよう。

第二次調査のハイライトは一七号遺跡の調査である。一九五七年八月一〇日から二五日までの約一五日間にわたって調査がおこなわれ、二一面の鏡をはじめとして鉄剣、鉄刀、蕨《わらび》手刀子《てとうす》、そして各種の装身具類（硬玉《こうぎょく》製勾玉一、滑石製勾玉二、碧玉製管玉一〇、滑石製管玉一一、滑石製棗玉四、ガラス製小玉七五、滑石製小玉二九八、車輪石二、石釧一、鉄釧四）の豊富な遺物が発見された（図17）。

各遺物の検討は第3章でおこなおう。

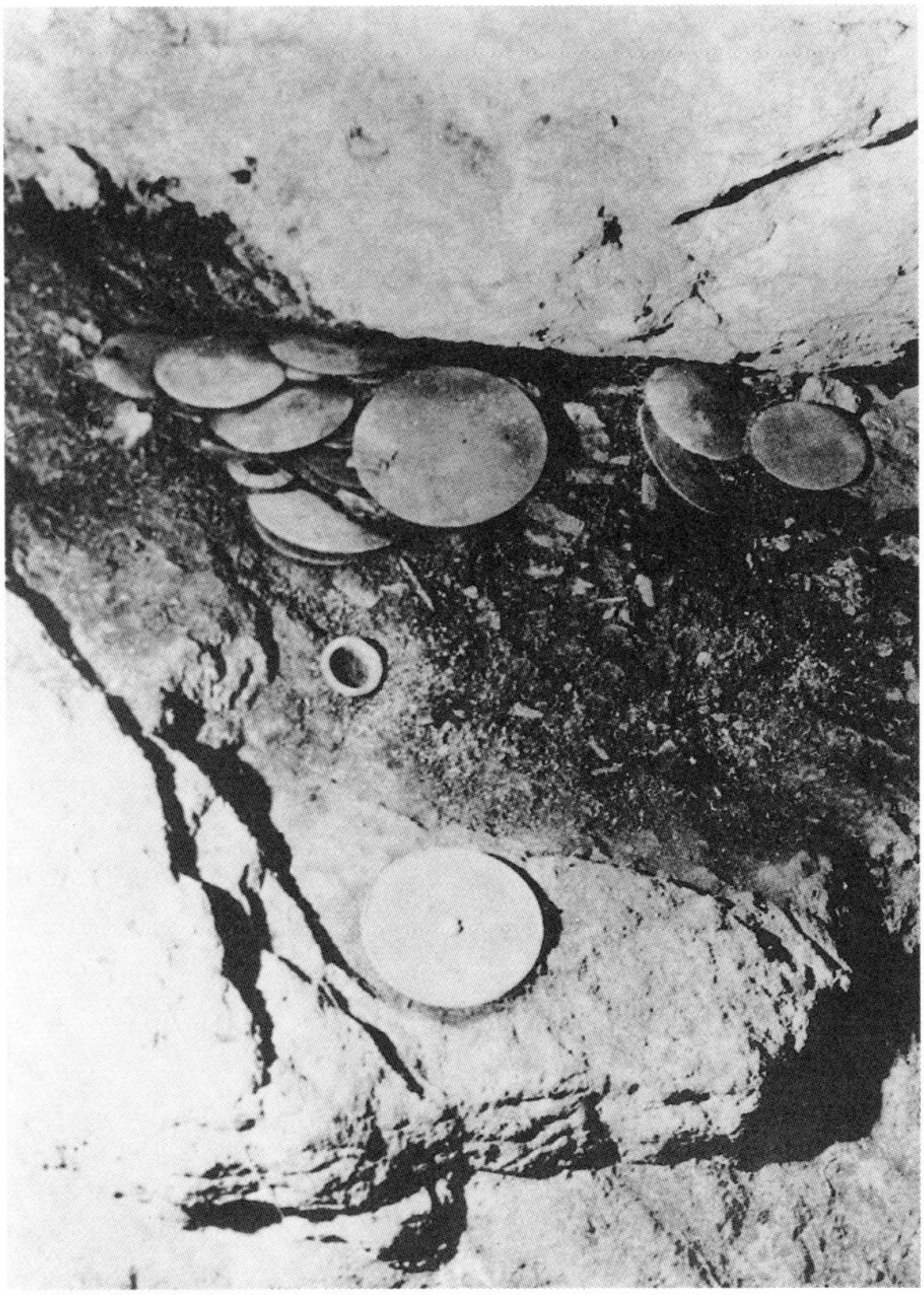

図17 ● 17号遺跡の遺物出土状況
わずか1.5m²の遺跡に21面の鏡、20振以上の鉄刀、鉄剣、勾玉、車輪石、小玉などが集積している。鏡はすべて鏡面を表にしておかれていた。

3　祭祀を明らかにする発掘

第三次調査

沖ノ島の発掘調査はその後一九六九年（昭和四四）に再開され、岡崎敬《おかざきたかし》九州大学助教授を調査団長として、一九七一年（昭和四六）春まで続けられた。これを第三次調査と呼ぶ。

調査には、研究室から小田富士雄助手を中心に佐田茂《さたしげる》、松本肇《まつもとはじめ》、橋口達也《はしぐちたつや》、真野和夫《まのかずお》、岩崎《いわさき》二郎《じろう》、武末純一《たけすえじゅんいち》らの大学院生が参加し、私も一九七〇年春に九州大学の大学院に入学してすぐに調査に参加させていただいた。

奈良県出身の私にとって、無人島の調査など経験がなく、船などというのは、まったくの苦手であり、不安でいっぱいだった。それでも沖ノ島の祭祀遺跡には、大学時代から関心があり、その豊富な遺物と神体島というなにやら魅力に満ちたイメージにひかれるものがあり、一度は行ってみたいものだ、と考えていた。九大に入学早々そのチャンスがおとずれたのは、なんともラッキーであった。

発掘調査の中心は九州大学文学部考古学研究室、福岡県文化課、別府大学で、設営、写真撮影は出光美術館があたり、測量関係は鹿島建設の技師が担当した。このほか宗像大社の神職が神域の管理にあたった。われわれの唯一の楽しみである食事の用意のためにプロの料理人がおり、報道関係もＮＨＫ、ＲＫＢ、ＫＢＣ、毎日新聞、西日本新聞などが調査中ずっと寝起きをともにした。総勢四〇名ほどの大所帯である。

朝は八時に起き、食事をすませ、弁当を持って現場に出発。四〇〇段以上もある石段をふうふういいながら沖津宮にたどりつき、沖津宮に参拝をして現場に足をふみ入れる。

方形の祭壇の発掘

私はそのなかの二一号遺跡という巨岩上の祭祀遺跡の調査を担当した。遺跡にのぼるために岩に急ごしらえの木のハシゴをもうけ、フラットになった巨岩上の遺跡にのぼる。巨岩上は少しスロープをなしており、腐葉土と草がおいしげり、まず除草から調査ははじまる。

中央にデンと大きな石があり、スロープの下のほうに腐葉土とこぶし大ほどの割石がかたまっている。割石は大きな石をかこむように列石状になっているが、まわりをグルリととりかこむほどにはなっていない。さらに割石よりさらに小さな石がバラス状になっている。祭壇に敷きつめた玉

図18 ● 第3次調査でのミーティング風景
左から、小田富士雄、筆者、岡崎敬、一人おいて三上次男、出光昭介氏。夕食後毎晩、こうしたミーティングがおこなわれた。女人禁制であるから参加者はすべて男である。

砂利のようなものだったのかもしれない。おそらく千数百年の風雪のために祭壇を構成していた列石群は下にずりおちたり、巨岩から下に落ちたものもあるかもしれない。それにしても現状から見て、中央にすえられた石を中心として祭場が存在したことはほぼ疑いないようである。

こうした現場をもとにして復元したのが、図19のような方形の祭壇（二・八メートル×二・五メートル）である。このようにきっちりとした方形の祭壇であったのか、もう少し不定形の祭壇であったのかは判然としないが、大きな石をとりかこむようにして祭場を構成していたことだけは間違いない。

遺物は、中央の大きな石の裾のあたりを中心として、スロープの下のほうに集中していた。折れた鉄製の剣や刀、鉄製の斧や鎌、鉄鋌《てってい》と呼ばれる板状の鉄板、碧玉や滑石の勾玉、臼玉、小玉、管玉、ガラス玉、鉄製のミニチュアの斧やヤリガンナ、刀子、ノミ、そして青銅の鏡の破片など数百点の遺物である。

沖ノ島祭祀遺跡といえば、鏡が露頭して岩の間にぎっしりとつまっている、というイメージをもってこの調査に参加した私にとっては、この遺物の内容はあまりにも貧弱であり、少々ガッカリしたというのが当時の実感である。それこそ土をふるいにかけて鉄片や玉類をよりわけるのが仕事であり、一つとして完全な姿をとどめている遺物はないのである。

後になってわかったことであるが、じつはこの二一号遺跡はすでに盗掘を受けており、われわれが発見した鏡片と、持ち出された鏡片がピタリと合うものがあり、当初は、獣帯鏡《じゅうたいきょう》、鼉《だ》龍鏡《りゅうきょう》など数面の鏡がここに奉献されていたことが明らかとなった。鉄器などは盗掘の対象か

◀図 19 ● **腐葉土をはらい列石群を整えた 21 号遺跡**
高さ 3 m の巨岩上に築かれた祭壇と依代。祭場の依代の周囲には、鏡や鉄剣、鉄刀、玉類が奉納されていた。5 世紀代の日本最古の神殿である。太陽が降りそそぐ天に向かって、祭祀をおこなったのであろうか。

らはずれ、原始林のなかにうちすてられたものもあるかもしれない。

遺物の内容はそれほど豊かではないが、沖ノ島では、祭壇が確認された祭祀遺跡はこの二一号遺跡がはじめてであり、岩上祭祀のあり方を考えるうえでもっとも重要な遺跡である。

中央にしつらえられた石のくぼみのなかには滑石の臼玉が数個入っていた。鳥がついばんでくぼみのなかに入れたのか、もしくは石にたてかけられた幣帛にとりつけられた臼玉が落ち込んだのか興味あるところである。遺物は押し流されてスロープの下のほうに集積はしているが、それでも石のまわりに集中していることは事実であり、この石が祭時において依代として大きな意味をもったことは否定できないようである。

二一号遺跡は一七号遺跡のすぐ近くにあり、この一帯が沖ノ島の祭祀遺跡のなかで、もっとも古い四～五世紀の祭場であることはたしかである。ハシゴをかけなければたどりつくことのできない困難な位置に祭場を選び、下から依代となるべき石をひきあげ、磐座とし、まわりに細石を敷きつめ、割石で祭域を画して、種々の宝物を奉納したのである。

飛地に発見された岩陰遺跡

つづいてわれわれが調査したのは、沖ノ島祭祀遺跡では飛び地に位置する二二号遺跡である。この遺跡は第三次調査で新たに発見された遺跡であり、沖ノ島祭祀遺跡の範囲がさらに広がる可能性をいだかせるところである。

二二号遺跡は巨岩が庇のように前にせり出し、その直下に石列が庇にそってつづいている

（図20）。石列の上にはこわれた土器がこれまた石列にそってつづいている。おそらく巨岩の奥に祭場がもうけられ、その祭場を区画する石列にそって甕や壺がおかれたのである。

土器は、大甕《おおがめ》、壺、瓶《へい》、坏《つき》、蓋《ふた》で、底は丸底となっており、床にすえて石でかこって安定をたもったものであろう。二二号遺跡の前庭は、黄金谷という沖ノ島のなかでもっとも深い谷となっており、うっそうと原始林がおおっている。

われわれは、石列を検出しながら、祭場の区画を確認し、つづいて祭場のなかへと調査をすすめていった。祭場のなかには金銅製の小破片が少しと、土器片がパラパラと散布している程度で、すでに盗掘にあって遺物は持ち出されたものと考え、早々と調査は終了すると考えた。

ところが祭場の向かって左端に割石が集石しているところがあり、だめおしで石をはいでみることにした。こぶし大より少し大きめの石が、ピットのような穴のなかに投げ込まれていた。一個一個とりのぞいていくと、何やら金属片らしきものが見えてきた（図21）。

上にのっていた割石をすべてはぐと、

図 20 ●22 号遺跡の石列
巨岩の庇にそうようにして石列がならび、土器が配列されていた。左手奥（岩裾）に祭具が埋められていた石囲いがある。

金銅製の壺や高坏《たかつき》、盃《さかずき》、さらには金銅板の切り金細工のようなものが、いくつもなかにつまっていた。大半は石におしつぶされたようになり、ひしゃげたりまがったりしていたが、まちがいなく祭祀遺物である。金銅製と鉄製があり、人形《ひとがた》、細頸壺《ほそくびつぼ》、高坏、盃、円板《えんばん》、金銅板を切ってつくったミニチュアの紡織具、そして鉄製の刀、矛、斧のミニチュアなどである（図22）。このほかに滑石の玉や貝製品があった。総数は数十件にのぼるものであった。かつて沖ノ島の祭祀遺跡ではみられなかった状況であり、調査を担当したわれわれもこれをどう理解したらいいのか判断に苦しんだところである。遺跡の地表面では、土器を除いてはまったくといっていいほど遺物がなく、こうした穴のなかに遺物を集積していたのである。それもただ集積しただけではなく、上に割石を積みかさね、人びとの目にはわからないようにしている。

謎の地下倉庫

「まつりごと」を終えて穴のなかに祭具を投げ込んだものか、もしくは祭具を隠匿するために穴をうがち、石をのせたものなのか。前者のように考えれば、一度祭祀に用いられたものは破

図21 ● 22号遺跡の石囲いのなかの遺物出土状態
1m四方、50cmの深みのなかに金銅製祭具がつまっていた。祭祀の跡の集積か、地下倉か、興味深い。

棄されるものであり、穴を掘ってすてられたものと考えることができるだろう。さらに石列にすえられた土器類がこなごなになっているのも祭祀の終了とともにすべて打ち割られたものと考えることができる。

「隠匿説」はなかなかに魅力のある考えである。長年地表に放置すればくちてしまう木製の祭具なら、隠匿するということもあまりないだろうが、銅板に鍍金、もしくは金箔を貼りつけた祭具は、いうなれば神宝である。このピットから出土した遺物は『延喜式《えんぎしき》』の「皇太神宮儀式《こうたいじんぐうぎしき》帳《ちょう》」に記載されているものとピタリと一致するものであり、神宝類であることは間違いない。

何のためにこうしたピットに入れたのかは明らかではないが、この穴蔵は一種の「神庫」のような意味をもつものと考えることはできないだろうか。この二二号遺跡は、出土した土器などからみて少し時代の降る遺跡であり、七世紀の後半と考えられる遺跡である。

第一次・二次までの調査はもっぱら遺物に注意をうばわれていたところがあり、遺跡に大きな関心を向けられなかったといってよい。それに対し再開された第三次調査では、「まつり」のあとの状況証拠がみつかり、神体島での「祭祀」のあり方を考えることができるようになったのである。

図22 ● **姿を見せた22号遺跡の遺物**
細頸壺、坏などが見える。すべてミニチュアで祭器である。祭器は神祇祭祀に用いられたものと一致し、律令祭祀が7世紀にはじまることが確認された。

第3章　豊かな遺物とその祭祀

1　岩上の神殿

豊富な鏡の種類と数

第2章でもふれたように、I号巨石群、その岩上の一七号遺跡からは豊富な遺物が発見された（図23）。巨岩の間に差し込まれたような状況を呈している鏡群をなるべく原状を保ち、まわりの小石や腐葉土を慎重にとりのぞきながら写真撮影と実測がおこなわれた。

調査員の原田大六氏は「一七号遺跡が沖ノ島祭祀遺跡において最古のものであり、それに含まれている内容が極めて豊富で、しかも、特殊な様相を呈していたからである。そこでは前例のない遺跡に直面した時の調査担当者達の戸惑いや苦心が多分にあって」と、発掘時の心境を正直に述懐している。

そしておどろくべきは鏡の量であり、畿内の第一級古墳に匹敵するものである。その鏡の種類と数はつぎのとおりである。

変形方格《へんけいほうかく》規《き》矩鏡《くきょう》　七面（図24）
変形内行《へんけいないこう》花文鏡《かもんきょう》　三面
鼉龍鏡《だりゅうきょう》　二面
変形文鏡《へんけいもんきょう》　一面
変形獣帯鏡《へんけいじゅうたいきょう》　二面
変形《へんけい》画《が》像鏡《ぞうきょう》　二面
変形三角縁神獣鏡《へんけいさんかくぶちしんじゅうきょう》　三面
変形《へんけい》夔《き》鳳鏡《ほうきょう》　一面（図25）

一七号遺跡の鏡の集積は大きく二群に分かれ、一群は五面、もう一群は一五面で、夔鳳鏡だけは少し離れて出土した。鏡は図像を鋳込んだほうを鏡背《きょうはい》といい、素文《すもん》のほうが鏡面となる。集積した鏡はすべて鏡面を表にし、鏡背を裏にして出土し、夔鳳鏡だけが鏡背を表にしていた。調査者はその出土状態にいささかの疑問をいだき、つぎのように記している。

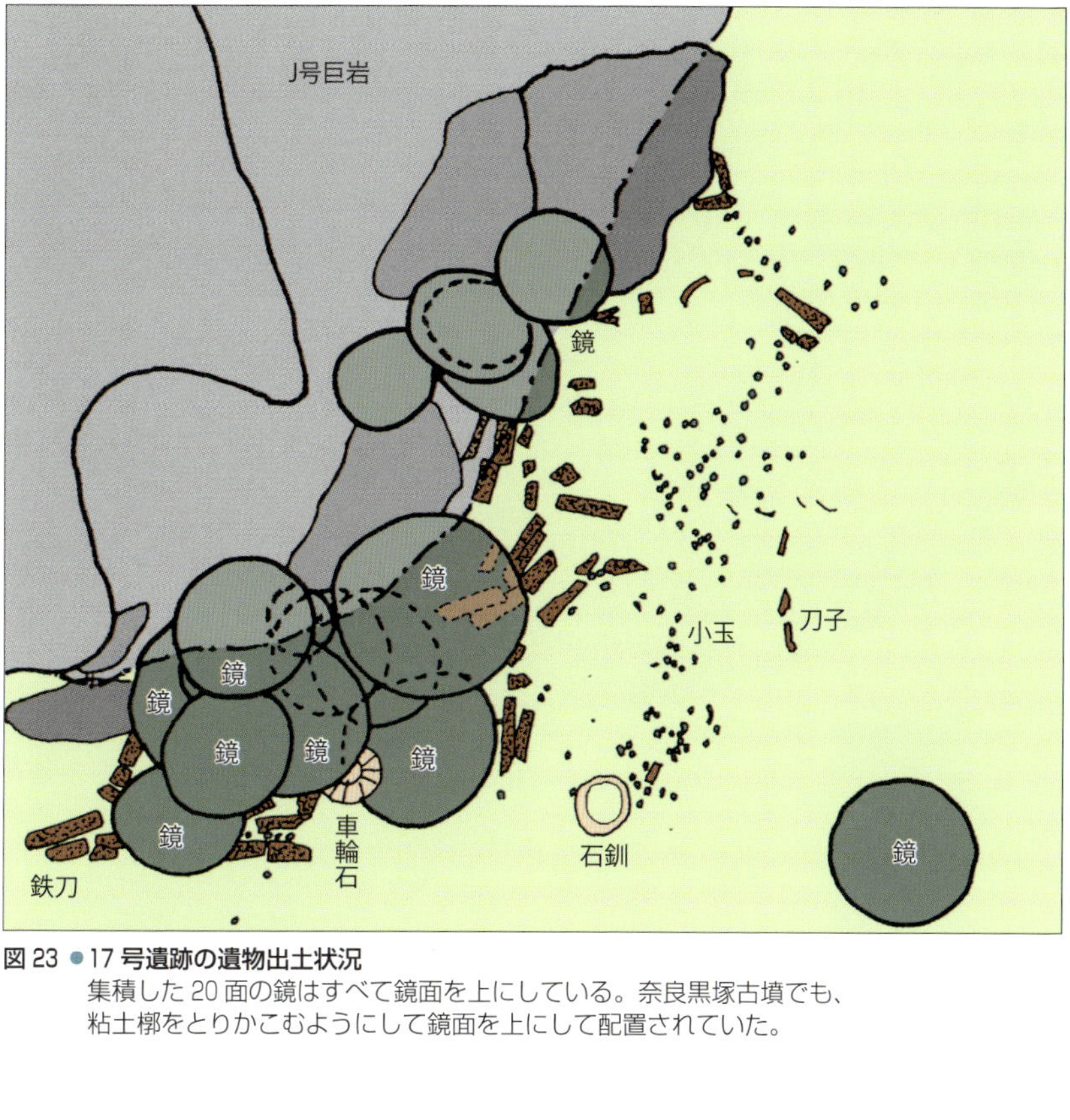

図23 ● 17号遺跡の遺物出土状況
集積した20面の鏡はすべて鏡面を上にしている。奈良黒塚古墳でも、粘土槨をとりかこむようにして鏡面を上にして配置されていた。

図 24 ● **17 号遺跡出土の変形鳥文方格規矩鏡**（径 27.1cm）
仿製鏡。TLV 鏡ともいう。17 号遺跡からは方格規矩鏡が 7 面出土している。

図 25 ● 17 号遺跡出土の変形夔鳳鏡（径 22.1cm）
仿製鏡。鈕のまわりの四葉座のなかに龍が、その間に向かい合う鳳凰が、
上に「冨宜子孫」の吉祥銘を入れる。

鏡の上に積っていた土も、腐蝕土化しつつあるものであったが、指先でも除去できるしまりのない土であった。このような状態から考えられるのは、近世この遺跡を訪れた人物が、露出していた鏡を手にとって、その背面文様を観察し、再びその場に置いて帰ったものではないかということである。

なにやら犯罪捜査における現場検証のような様相であるが、遺跡を調査することは、即遺跡の破壊につながるという考古学の発掘の原則にのっとれば、こうした検証は当然すぎることである。たしかに沖ノ島の祭祀遺跡の遺構の状況については、それがオリジナルなものか、後世の手が入っているかどうか判断に苦しむことが多い。実際に私も沖ノ島の調査に参加してこうした状況に接したことは何度となくある。

祭場のあり方

鏡の問題については後にゆずるとして、まずこの一七号遺跡の発掘と出土状況について考えてみたい。祭場というにはあまりにも造作のないところに、どうしてこれほどの鏡や装身具類が発見されたのであろうか。この出土状況は遺物の「奉献」とか「奉納」とかいった言葉を安易に使うことはきわめて危険なことであるといえる。

鏡以外の勾玉や管玉は鏡の周辺に散乱しており、大部分が巨岩から落下してしまったのかもしれない。沖ノ島の他の同時代の祭祀遺跡と比較しても、装身具類や鉄器の量があまりにも少ないことは注意しなくてはならない。鏡を主体とした「まつり」がおこなわれたのであろうか。

しかし「まつりごと」をおこなうにはあまりにも狭い場所であり、足場がよくない。

一七号遺跡は沖ノ島祭祀遺跡のなかではもっとも高い位置にあり、I号巨岩に立てば、眼下に玄界の大海原、さらには本土や壱岐、対馬をも望むことができる。巨岩を依代とし、そこに神が降臨すると考えて、当時の宗教儀式にとってもっとも重要と考えられた鏡や武具、玉類を奉納したのである。われわれは「岩上の神殿」に足をふみ込んだわけである。沖ノ島の祭祀遺跡は遺物の豊かさに対して、祭場のあり方をつかむことはたいへん難しい。「神殿」ということばに代用させて祭祀遺跡を述べているが、はたして祭場というものが存在したのだろうか。

2　岩陰の神殿

つぎに、岩陰の七号、八号遺跡についてみていこう。遺物は、D号巨岩の岩陰いっぱいにひろがり、まとまって一地点に奉納されたというよりも、あたかも宝物がまきちらされたといったような状況であった。

高さ六・五メートルの巨岩は、約六〇度の角度で参道にせり出しており、その下に遺物があるわけで、ちょうど岩の先端が庇のような状況になる。図26に示した遺物出土状態図では、一点鎖線がD号巨岩の接地面を示し、実線が巨岩がせりだしたところを示している。遺物の散布する面は割合平坦であり、庇ののびたところの直下に、庇にそって大小の割石が点在しており、敷石もしくは遺跡の区画のような状況を呈しているが、人工的な構築とはなかなか認めがたいところである。

遺物のひろがりは東西約八メートル、南北約三・五メートルで、遺物は巨岩の中央部、西部、東部に集中している。中央部には鉄鏃、鉄刀、鉄剣やガラス小玉、滑石製臼玉、水晶製切子玉が特に多く、東側（図では向かって右側）には鉄矛や挂甲《けいこう》、盾状金具《たてじょうかなぐ》があり、西側（向かって左側）には金銅製の杏葉、帯金具、歩揺付雲珠など金銅製の馬具類が集中している。

とりわけ金銅製馬具類の細工は類をみないものであり、透彫《すかしぼ》りの下に玉虫《たまむし》の羽根や雲母板《うんもばん》をはめ込み、鋲《びょう》でとめるという手の込んだものである。こうした馬具は韓国・伽耶地域の五世紀代の古墳から出土しており、舶載品の可能性が十分に考えられるものである。馬具は鞍金具、雲珠、杏葉、轡《くつわ》、帯先金具《おびさきかなぐ》などの馬の装具が主体であり、神馬奉納というよりは宝物として馬具が奉納されたと考えられるのである（図27）。

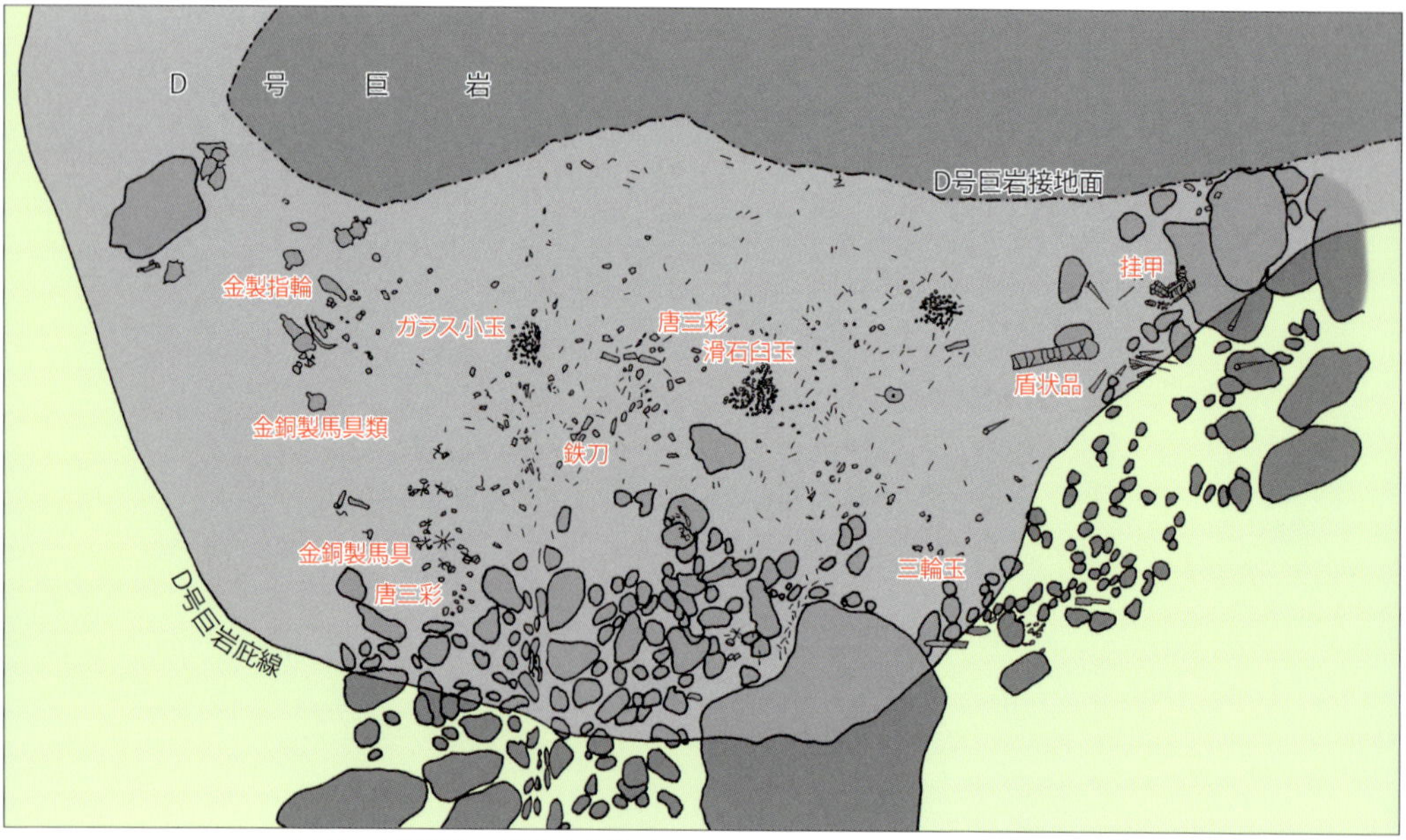

図26 ● 7号遺跡の遺物出土状況
せりだした庇の内側に祭場が区画され、なかに金銅製の馬具や金製装身具、玉類が出土している。これが祭祀のときの配置か、後世の状態かはわからない。

図 27 ● 7号遺跡出土遺物
上：杏葉
ハート形のなかに鳥人と唐草を透彫りにした板をおく。
下：帯金具
長方形の銅板の上に雲形の透かしを入れた金銅板をはり、その間に雲母板や玉虫の羽をはさみ込む。
ともに新羅産。

このほかに特殊な遺物として純金製の指輪（図28）や唐三彩の破片などがあり、遺物の総点数は約二〇〇〇点にものぼった。沖ノ島祭祀遺跡の出土遺物としては質・量ともに破格の内容である。

これらはじめて考古学者の眼前に姿をあらわした神体島の祭壇の状況は、発掘担当者に大きなおどろきと衝撃を与えるものであった。岩陰のまわりにあまりにも無作為に、そして雑然とおかれた遺物群、そしてその遺物のどれもがかつて九州の古墳などの発掘では見たことのないゴージャスな品であり、彼らを困惑させるのに十分であったことは考えられる。

社殿や拝殿、祠をもうけない原始神道の時代の祭祀の実体については、戦前の研究ではほとんど解明されていなかった。しかし学術調査という名の下で、後世の人間が古代の空間に足を踏み入れたとき、そこには何らかの明確な解答が準備されているわけではない。ただ、そこにあるのは、古代のいつかの時点における状況だけである。祭儀のときのあり方なのか、祭儀の

図28 ● 7号遺跡出土の金製指輪（径2.04㎝）
純金製。金粒で縁どりし、中心に四葉座をおき、円文をめぐらせる。
新羅の王陵から同形の指輪が出土している。

後のようすなのかは判断のしようがないのである。目をうばわんばかりの、この七号遺跡のゴージャスな遺物は、沖ノ島の祭祀の規模の大きさの片鱗を見せたにすぎない。

巨岩の形態をそのまま利用した「岩陰の神殿」ともいうべきこの七号遺跡は、われわれに沖ノ島古代祭祀の荘厳な儀式の一端を見せてくれたわけである。原始林のなかにそびえたつ巨岩の下でひそやかにくりひろげられた儀式とはいったいどのようなものであったろうか。

3　鏡の奉納

Ｉ号巨岩群の遺跡と鏡

さて、岩上の神殿、Ｉ号巨岩のまわりには、一五号、一六号、一七号、一八号、一九号、二三号の六つの遺跡がある。もっとも重要な遺跡は一八号遺跡で、Ｉ号巨岩上にあり、巨岩は一七号遺跡の方向に約三〇度の傾斜をもち、遺構面の状況はきわめて不安定な様相を呈している。

三次の発掘調査とその後の追跡調査の結果、一八号遺跡出土の鏡は舶載（中国製）と仿製《ぼうせい》（中国鏡を写した日本製）の三角縁神獣鏡〈舶載一一・仿製六面〉、夔鳳鏡、方格規矩鏡など総数一二面となり、一七号遺跡の二一面に次ぐものとなった。このほか、一六号遺跡からは三角縁三神三獣鏡など四面の仿製鏡が出土し、一九号遺跡からは変形内行花文鏡ともう一面の鏡の破片が出土し、一五号、二三号からの各一面を加えると、Ｉ号巨岩のまわりで出土した鏡の総数は四一面に達する。

Ｉ号巨岩のそれぞれの遺跡には明確な時代差は考えられない。ほとんどの遺跡が四～五世紀の遺跡である。神道の「一祭場一祭祀」という原則からいえば、六つの遺跡があるということは、Ｉ号巨岩を中心として六回の祭祀がおこなわれたと考えることができる。しかし、祭祀遺跡は墳墓や生活遺跡、建築遺跡のようにきっちりとした構造をもつことはほとんどなく、主体となる依代（巨岩）のごく近いところに鏡や剣、装身具などが集積していることが多い。

沖ノ島祭祀遺跡においても依代となる巨岩の上面、巨岩の直下の地面にさまざまな遺物が集積しているだけである。とりわけＩ号巨岩周辺の遺跡はそれぞれが独立した祭祀遺跡であるかどうか判断に迷うところがある。一八号遺跡がかなりの傾斜をもった遺跡であり、何らかのアクシデントにより遺物が落下して、そこが遺跡と考えられている可能性もなくはない。

しかし、それぞれの遺跡が鏡、碧玉製品、鉄製武器類など異なる材質の複数の遺物を含んでおり、それぞれが一つの遺跡としての一応の条件はそなえていることは否定できない。私にとってこのＩ号巨岩周辺の遺跡で興味をひかれるのは、鏡の量とその質についてである。

古墳出土の鏡と沖ノ島の鏡

古墳時代の墳墓から出土した鏡の量からみれば、京都山城椿井《つばい》大塚山《おおつかやま》古墳＝三七面、奈良新《しん》山《やま》古墳＝三四面、奈良黒塚《くろづか》古墳＝三四面、奈良佐味田《さみた》宝塚《たからづか》古墳＝三六面、岡山鶴山《つるやま》丸山《まるやま》古墳＝三〇面以上、奈良天神山《てんじんやま》古墳＝二三面、岡山備前《びぜん》車塚《くるまづか》古墳＝一四面、大阪紫金山《しきんざん》古墳＝一二面、奈良茶臼山《ちゃうすやま》古墳＝一〇面以上などで、一号遺跡の八稜鏡を加えた沖ノ島の祭祀遺跡から

図29 ● 17号遺跡出土の鼉龍鏡（径23.7cm）
「だ」はワニの一種という。仿製鏡。17号遺跡からは模様の異なるものが出土している。舶載の画文帯神獣鏡を模した鏡。

出土した鏡の総数六〇面は、日本でも一、二を争うものであることは間違いない。

しかし、鏡の質からいえば、古墳出土の鏡とくらべて必ずしもすぐれているとはいいがたい。沖ノ島の鏡で、舶載鏡と考えられるものは一八号遺跡出土の方格規矩四神鏡、三角縁神獣鏡、二一号遺跡の獣帯鏡二面と八乳獣帯鏡の三面、八号遺跡の盤龍鏡の六面で、ほかの五四面はすべて仿製鏡である。それに対して椿井大塚山古墳から出土した鏡はすべて舶載鏡であり、そのうちの三二面は三角縁神獣鏡である。黒塚古墳からも三三面の三角縁神獣鏡が出土している。新山古墳は鏡の枚数は椿井大塚山古墳に匹敵するものであるが、舶載鏡と仿製鏡がある。奈良の天神山古墳から出土した鏡二三面のうち、一八面が舶載鏡と考えられている。奈良の茶臼山古墳から出土した鏡もその大半が舶載鏡と考えられるものである。

椿井大塚山古墳や天神山古墳、茶臼山古墳、新山古墳、宝塚古墳などは四世紀前半の畿内の盟主的な前方後円墳であり、天神山古墳はすぐ上に行燈山《あんどんやま》古墳（伝崇神《すじん》天皇陵）があり、その陪塚《ばいづか》と考えられる古墳である。

沖ノ島出土の鏡は、様式的には舶載の三角縁神獣鏡を模倣して日本で鋳造したものであるが、一銅質、鋳上がりはかなり劣るものであり、文様が鋳くずれたり、鋳放れの悪いものが多い。一九七七～七八年に東京、大阪、福岡で「宗像沖ノ島展」をおこない、またその後、文化庁と宗像大社による沖ノ島祭祀遺物の総合修理計画に参加して、あらためて沖ノ島出土の鏡をじっくり見る機会があったが、その時から、古墳出土の鏡と沖ノ島という祭祀遺跡から出土する鏡には明らかな違いがあるのではないかという疑問が頭を離れなかった。

一七号遺跡の鏡を調査した原田大六氏は、二一面の鏡のうち無傷の鏡は六面であり、他の一五面は背面に損傷があることを指摘している。それは湯冷え、ガス傷、彫り傷、踏み返し傷、型落ち傷などであり、製作段階、型造り段階ですでに損傷しているものである。また鏡の紐のひも孔が通っておらず、なかがつまっているものがある。鏡が本来の目的である姿見《すがたみ》としての化粧道具であるとするならば、沖ノ島出土の鏡は本来の機能をはたしえないものである。

鏡を奉納したのは?

古墳に副葬された鏡は、姿見としての機能とは別に宝物、権威を誇示するものであり、盟主級の古墳に副葬される鏡はそれなりに質の高さと美しさをそなえている。こうした鏡の機能、宝物としての意味から考えれば、沖ノ島の鏡は明らかに劣っていることは否定できない。

しかし、それにも増して重要な点はその量と出土の状況であろう。古墳時代の祭祀遺跡で沖ノ島ほど鏡が出土した例はない。中世の出羽の羽黒山山頂の出羽神社の「鏡が池」から多数の和鏡が発見されている。羽黒山出土の鏡（羽黒鏡）を調査した大阪市立博物館の前田洋子《まえだようこ》氏によれば、鏡が池出土の羽黒鏡は四九八面にのぼり、その時代は平安、鎌倉、室町、桃山にわたるものであるといわれる。群馬県の大沼からもこうした和鏡が出土している。また熊野速玉《はやたま》神社でも鏡背に仏像を描いた懸仏《かけぼとけ》が出土している。

沖ノ島祭祀遺跡のなかでも、このⅠ号巨岩を中心とする遺跡群はもっとも古い段階に属する。遺物構成から四世紀後半～五世紀初めと考えられる。この初期の段階においていかなる「まつり」がおこなわれたのか。その主体者は宗像氏であるのか、大和朝廷が直接かかわったのか、もっとも興味あるところであり、沖ノ島全体の祭祀を考えるうえでも重要な問題である。

しかし、これまで述べてきたとおり、沖ノ島祭祀遺跡に残されたものは膨大な遺物と累々とそびえる巨岩群だけであり、われわれは残された遺跡と遺物からしか、神体島の「まつり」のあり方を考えるほかない。奉納される鏡は財宝、権威の象徴としての鏡ではなく、鋳上げたままの鏡であり、時に型くずれ、傷があることは大きな問題ではなかった。それよりも鏡を奉納することが重要な祭儀であったのである。

4 土器と石の祭祀

一号遺跡は祭場か、棄場か

沖ノ島で最大規模の遺跡は、沖津宮社殿の手前にある一号遺跡である。奈良〜平安時代、八〜九世紀の遺跡である。島の中腹に築かれた沖津宮の社殿に通じる参道の右脇に少し平坦になったところがあり、そこに土器がぎっしりと堆積している（図30）。

沖ノ島の祭祀遺跡は基本的に巨岩を依代として、巨岩上、もしくは巨岩の裾のところに祭場が設置されており、巨岩から離れた位置に祭場が築かれている遺跡は一号遺跡だけである。

少し傾斜した地形の一号遺跡のある一画だけが空間となっており、枯れ葉の間から皿や鉢、壺、瓶などの土器が見え隠れしている。苔むして青黒い色をした須恵器や、赤っぽい土肌をし

図30 ● 1号遺跡
沖津宮神殿の手前にある1号遺跡には土器、滑石がうずたかく積み上げられている。南北10m、東西9m。祭場なのか、祭具の廃棄場なのかは明らかではない。奈良〜平安時代。

た土師器《はじき》があり、一見したところ、まったく雑然と堆積しており、土器捨て場という印象を受けるところである。遺跡のひろがりは南北一〇メートル、東西九メートルほどのおよそ楕円形にちかい形状であり、低いところのほうに土器やその他の遺物が厚く堆積しており、上のほうでは、その堆積の層は薄くなっている。

遺物の上に土の堆積はまったくない。古代の状態そのままに今日残されている。遺跡のなかに足を踏み入れたら、土器を踏みつぶしそうになるようなところである。

多量の土器と奈良三彩

枯れ葉や浮きあがった土器をはらってみると、遺物の堆積状況をある程度つかむことができた（図30）。写真のなかで黒く見えるものは土器の皿や鉢、碗で、ところどころ積みかさねられたような状態におかれている。また板状や棒状のものが見えるが、これは滑石製品である。このほか、ひしゃげた銅製の皿や鉢、切金細工の銅板、鉄製の刀子や鏃などもある。土器や滑石、金属製品の出土状態には人為的な様子はまったくなく、ただ投げ込んだとしかおもえない。

一号遺跡を特徴づける遺物は、奈良三彩《ならさんさい》の小壺（図31）である。第三次調査だけでも蓋が五つ、身が一一個も出土した。ほとんど完形品であり、一つの遺跡からこれほど多数の奈良三彩が出土した例は岡山県大飛島《おおひしま》遺跡（蓋一三、身七）だけである。

奈良三彩というのは、唐三彩を模して日本でつくられた多彩釉陶器であり、正倉院の奈良三彩がもっともよく知られている。沖ノ島から出土するのはすべて「薬壺《やっこ》」形の小壺で、緑や白、褐色の色釉で彩色された色あざやかなかわいい小壺である。しかしその奈良三彩は、他の多くの須恵器や土師器と区別して、特別な状況でおかれていたのではなく、他の多くの土器といっしょに発見されている。

一号遺跡はすべてを発掘したわけではないので一号遺跡の遺物の総量ははっきりとはしないが、検出された遺物の総量はつぎのとおりである。

金属製品（銅製品・鉄製品を含む）　二八三点

滑石製品　一三五六点

土器　八四一点（うち奈良三彩一六点）

合計すると二四八〇点になる。これは個体数として確認された数であるから、破片で小片のものまで入れると三〇〇〇点を超えることは間違いない。また発掘調査は全体の約三〇パーセントほどであり、全部を発掘すると、一万点近い遺物が堆積していたことになる。まったくおどろくべき量であり、古代の人びとの神体島・沖ノ島によせる信仰の念の強さをあらためて知らされるところである。

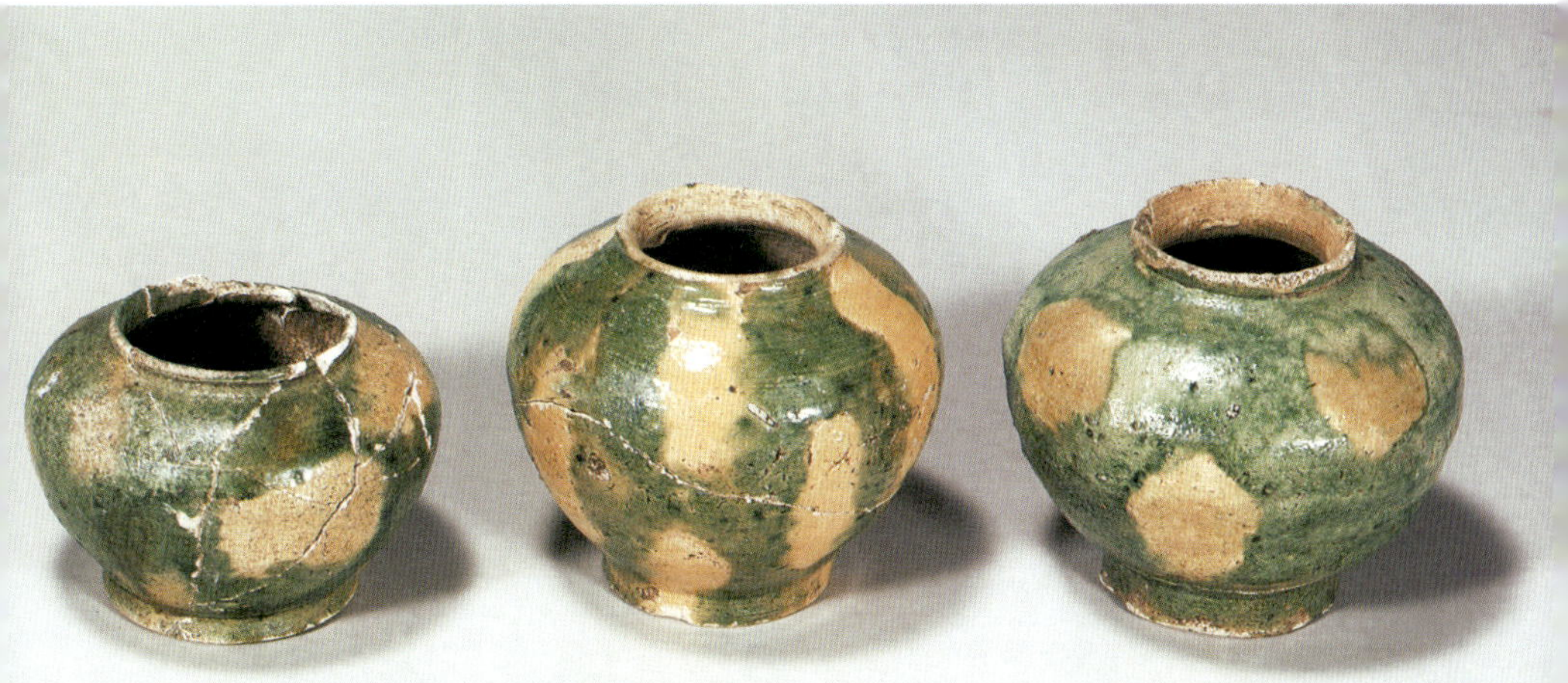

図31 ● 1号遺跡出土の奈良三彩の小壺
高さ約5cmの小さな壺。素地に緑釉を鹿ノ子状にかけている。大甕のなかに入れられたと思われる壺があり、奉納品として納められたものである。近畿地方でつくられたものであり、遣唐使の航海安全を祈願して奉納されたものであろう。

土器の祭祀

ぼう大な遺物のなかでとくに多いのは土器類と滑石製品である。その意味では一号祭祀遺跡は「土器」と「石」の祭祀がおこなわれた遺跡と考えられる。これまで紹介してきた沖ノ島の遺跡から出土した遺物は、鏡や武器、武具、玉といった実用性をそなえたはなやかな遺物が主であり、土器と石という「まつり」のための用具を主体とした遺物を含んだ遺跡は一号遺跡だけである。

まず土器についてであるが、多くは破砕しており、とりわけ甕や壺といった器では完形をたもつものは非常に少ない。大甕にいたってはすべて破片となっている。器種は坏・蓋・鉢・盌《まり》・器台《きだい》・碗・高坏・坩・壺・甕・手づくね土器などがあり、すべて祭祀用の土器である。おおむねつくりはあらく、器壁がでこぼこしたものや細石が混じったもので、釉薬《ゆうやく》のかかったものは一つもない。壺や甕の器面にはあらいタタキ目が全体に施されており、調製も雑なものである。これらの土器の類品はほとんどなく、沖ノ島祭祀のために宗像本土でとくにつくられたものである。

一号遺跡独特の器形としては器台と有孔壺《ゆうこうつぼ》がある。器台は壺や甕をのせる台であり、筒形で上下がひろがっており、胴には三角形や楕円形の透かしがある。有孔壺は壺の胴のところに竹管で孔を数個うがった壺で、径一センチほどの孔が胴のまわりにぐるりとめぐらされている。貯蔵用の器である壺形の土器としては用をなさぬものであり、明らかに儀式用に製作されたものである。手づくね土器はロクロを用いず、手びねりで製作された土器であり、古墳時代以降にみられる祭祀用の土器である。
こうしたぼう大な土器類が一回の祭祀で用いられたものでないことは当然である。沖ノ島の祭祀遺跡は基本的には「一祭場一祭祀」と考えられ、その意味では一号遺跡は例外である。一つの祭場で二世紀あまりの長期間にわたって祭祀がおこなわれたと考えなければならない。ただ遺物のあり方が一定の法則性、きちんとした配置をもっているものではなく、まさに雑然としており、この遺跡が「土器捨て場」であったかもしれないという疑問はぬぐいきれない。

古代の土器祭祀

では、一回の祭祀で土器がどの程度用いられるのであろうか。『延喜式』の「神祇令」の項には四時祭や臨時祭、伊勢太神宮、斎宮、斎院司、大嘗祭などの祭祀で用いられた祭具がこと細かく記されている。土器には「陶器《すえつき》」と「土器《かわらけ》」の二つがあり、たぶん前者は須恵器であり、後者は土師器をさすものであろう。「神祇令」の斎宮の「供新嘗料」のところを一つの例としてあげてみると、そこに用いられた土器はつぎのようなものがある。

土火爐二脚、土盤、椀・堝各十口、陶椀八口、盤廿口、鉢八口、甕（瓱とある）五口、平居瓶五口、都婆波・多志良加各四口、陶叩盆四口、ハゾウ（匜とある）八口、土手湯盆・陶手洗各二口、洗盤六口、酒盞十口、片垸廿口（内十口は陶製）、高坏廿口（内十口は陶製）、坏四口、酒垂四口、筥坏廿口、陶臼二口。

具体的に形状をつかめるものもあるが、形状がはっきりしない名称も多い。ただ、この新嘗祭で用いられた土器の多くは供膳にともなう器であり、壺や甕といった貯蔵用の形態は少ない。これ以外に「土火爐」や「土手湯盆」「陶手洗」といった特殊な用途に用いられたとおもわれる器形の土器が含まれている。

この「斎宮新嘗祭」で用いられた土器の数は、合計すると一八八個にものぼり、かなりの数であるといわねばならない。主体となるのは盤や椀・鉢・盞・高坏・盆といった器であり、このなかにさまざまな供物を入れて祭前にならべたものであろう。ただ祭祀の時にはいつもこんなに大量に土器を用いるとはかぎらず、祭祀の内容に応じて土器の数は異なっており、一定していない。

こうした土器の類はいわゆる「神宝」のなかには含まれるものではなく、祭祀の際に用立されて、祭祀が終わった時点で打ちすてられたと考えるべきものである。

このように考えてくれば、沖ノ島の一号遺跡に堆積したぼう大な量の土器は、祭祀のたびに用いられ、供献された後にこの場に廃棄されて堆積されたものと考えることもできる。また、はじめに述べたようにほとんどが破砕されていたというのも、祭祀の終了をまって打ち壊されたものと考えることができる。

しかし、一号遺跡のなかにはこうした土器ばかりではなく、奈良三彩の小壺や、金箔を貼った銅製品や鉄製のミニチュア、八稜鏡、皇朝銭（富寿神宝）などの宝物ととらえるべきものも含まれていることは事実であり、一号遺跡が祭場であったとする説もすてがたい。

滑石の祭祀

つぎに滑石製品をみていこう。灰白色もしくは暗緑色をした滑石は、石のなかでもっとも柔らかく、ナイフで削ったり、加工することができる。雲母を含んだようなキラキラした光沢があり、ヒスイの勾玉やガラス小玉の「模造品」として勾玉形や小玉形に加工され祭祀用具として、祭儀に用いられる。また、斧や剣・刀・刀子などの金属製の利器の「模造品」としても加工され、斧形や剣形・刀形・刀子形などの滑石製品が祭祀遺跡から出土する。このほか鏡を写したと考えられる円板状で中央に突起がある滑石製品もある。

この滑石製品は、祭祀遺物として「まつりごと」にかかわる遺跡には欠かすことのできない遺物である。ヒスイなど硬玉製品は材料の入手も困難で、加工も容易ではないが、滑石はたやすく手に入れることができ、刀子一本あればどのような形にも加工できる。古墳からも出土する場合もあるが、祭祀遺跡と考えられるところに集中して出土することが特徴である。

沖ノ島の祭祀遺跡においても、四、五世紀代のもっとも初期の遺跡である一七号、一八号、二一号の遺跡から、滑石製の小玉や臼玉・勾玉・剣形品などが出土している。しかし、種類としては玉類の模造品がほとんどで、剣形品や斧形品、刀形品などは非常に少ない。古墳時代の沖ノ島祭祀遺跡では、金属製の利器の模造品は石によってではなく、同質の金属、すなわち鉄や銅により、ミニチュア形につくられ奉献されたようである。

しかし一号遺跡では、滑石製品が非常に多く、さらに種類も豊富で、大形のものが多く、まさに「石の祭祀」がおこなわれたと考えなければならない。

滑石製形代

出土した滑石製品には勾玉・臼玉・円板などの装身具の玉の写しものと、人形《ひとがた》・馬形《うまがた》・舟形《ふながた》といった、新しい形態の滑石製品がある。

人形・馬形・舟形は、人や馬や舟の代用品として奉献されたものであろうか。祭祀に人や馬を奉献するという風習は古墳時代にはなかったものであり、律令時代にとりいれられた祭祀様式であると考えなければならない。五号、二二号遺跡では銅板、鉄板を人形に加工したミニチュアが出土しており、その流れが一号遺跡の形代に発展したものである。

これらの滑石製品は「滑石製模造品」に対して「滑石製形代《かたしろ》」と呼ばれる。形代は神体の代わりとして人間の形につくったものをいい、厳密には人形だけが形代といわれるものである。沖ノ島の一号遺跡から出土する形代は人形だけでなく、馬をかたどった滑石製品や、舟をかたどった滑石製品などがあり、ここではこれらをすべて含めて形代と呼ぶ。

基本的には板状に加工した滑石板を人形や馬形や舟形に成形したもので(図32)、小さいものは長さ五センチ以下、大きいものは長さ一五センチ以上のものがある。人形の場合は、滑石板を縦に用い、その両側に二カ所ずつの刻みを入れて頭・胴・足の身体の各部分をあらわす。頭部に目・鼻・口を表現したり、足部に縦に溝を入れて二本の足を表現したものもあるが、ほとんどは顔はのっぺらぼうで、胴と足の区別がはっきりしないものがある。

馬形は、滑石板を横にして背と腹に切れ込みを入れて頭と胴を表現し、背にあたるところは少し深く削り込んでいる。馬形の中には背の部分に鞍らしきものを表現した「飾馬形《かざりうまがた》」と、

図32 ● 滑石製形代類（1号・3号遺跡）
滑石板を加工して馬、人、舟の形につくっている。円形のものは鏡、縦長の湾曲したものは勾玉の写しである。細工はていねいなものもあるが、小刀で削っただけのものもある。

それを省略した「裸馬形《はだかうまがた》」がある。しかし、この馬形には足はなく、省略されている。ていねいに加工して目を入れ、鞍をしっかりと表現したものもあれば、棒状で馬だか人だか区別のつかないようなものもある。

舟形は、一号遺跡出土の滑石製形代のなかでもっとも形態にバラエティーがあり、数も一番多い。人形や馬形が一般に板状を呈しているのに対し、舟形は厚みもあり、加工もていねいである。基本形は一端を尖らせ舳先とし、一端を切り落とし艫《とも》にしている。上面を平らにし、下面はV字形もしくはU字形にしている。すなわち舟首と舟尾、舟底を表現しているのである。上面の中央は刳り込みを入れ、舟室を表現している。各面をていねいに加工して、舟首が立ちあがり、舟室をしっかりとつくり、構造船のような形をした舟形もあれば、平たい滑石板の中央を刳っただけの簡略なものもある。

第三次調査で出土した滑石製形代は、人形が六八点、馬形が四〇点、舟形が一〇八点と圧倒的に舟形が多い。沖ノ島が航海の祭祀の遺跡ということから考えれば、舟形の形代が多いことは当然といえよう。これらの形代は一つとして同じものがなく、形態に一定のきまりがなく、とても官営の工房でつくられたようなものとは考えられない。先に述べたように、滑石は刀子一本あれば、誰にでも加工できる石であり、石材さえ入手できれば容易につくることが可能である。一点一点をよく見れば、刀やノミの痕跡が顕著であり、荒けずりなその器面は、神体島・沖ノ島に奉献するために、祈りを込めてつくった古代の人々の信仰の念の強さを感じることさえできる。

うまく成形できず、側面がいびつなもの、舟の形にきっちりと成形されず、なかだけを刳って舟としたもの、馬だか人だかはっきりしないようなもの等々、その形代の姿は種々雑多であり、ていねいなものもあれば、雑なものもある。まったくできあがりにおかまいなしに沖ノ島の祭神に奉献しているのである。しかしその姿は人であり、馬であり、舟であって、ほかの動物や構造物はみられない。いまのところ牛や鳥などを表現したと考えられる滑石製品はない。

大島御嶽山遺跡の発見

大島《おおしま》御嶽山《みたけさん》遺跡は宗像大島の最高峰、御嶽山山頂の御嶽神社の背後にある祭祀遺跡である。二〇一二年（平成二四）に宗像市教育委員会と宗像大社によって発掘調査がおこなわれ、奈良三彩小壺一一個をはじめとして、須恵器、土師器、滑石製形代（人形・馬形・舟形・円板）、青銅製品、鉄製品、八稜鏡など沖ノ島一号遺跡とまったく同じ遺物が出土した。

私は二〇一三年（平成二五）夏に現地を調査し、宗像大社宝物館で出土遺物を見ることができた。滑石製品は形、製作法が一号遺跡とまったく同じ。沖ノ島と同じ祭祀がこの大島でもおこなわれていたのである。

遺跡は中津宮の摂社である御嶽神社の背後の緩やかな傾斜地にあり、依代となるような巨岩はない。遺跡の形態は一号遺跡と似ている。天気の良い日には宗像本土、沖ノ島を望むことができる。発掘報告書によれば、御嶽山遺跡の年代は七世紀後半〜九世紀とされている。奈良・平安時代には宗像祭祀は沖ノ島だけでなく、中津宮のある大島でもおこなわれ、さらには本土の宗像でもおこなわれていたことが考えられる。宗像本土ではまだこの時代の祭祀遺跡は確認されていないが、宗像大社背後の下高宮遺跡周辺で滑石製品が出土している。

御嶽山遺跡の調査は、沖ノ島祭祀のみならず、沖ノ島を奥津城とする宗像大社の成立を考えるうえで重要なヒントを与えることになった。人形・馬形・舟形などの形代は藤原宮、平城宮などの都城址、地方の官衙址などで出土しており、形代祭祀が律令祭祀の基本的な祭祀形態なのである。それが平安時代には伊勢神宮の祭祀の「祓具」のなかにとりいれられることになる。素材形代の多くは木や金属でつくられているが、沖ノ島では滑石を使って形代がつくられた。素材が近郊にあり、加工も簡便だったのだろう。

律令祭祀のはじまりは七世紀後半と考えられており、沖ノ島の七〜八世紀の祭祀もこの律令祭祀の規範のなかで執りおこなわれたと考えられる。さらに、その律令祭祀が沖ノ島、大島、宗像本土（田島）でこの時期におこなわれたのであり、律令祭祀の拠点となる宗像大社が奈良時代には成立していた可能性がきわめて高いと考えられる。いわゆる露天祭祀は、沖ノ島祭祀の根幹である巨岩を依代とする祭祀形態ではなく、「社殿祭祀」がおこなわれ、祭祀の終了後に祭具が廃棄されたのである。それが一号遺跡なのである。

第4章　沖ノ島をめぐる国際情勢

1　沖ノ島祭祀に注目した二人の学者

岡崎敬先生と報告書『沖ノ島』の刊行

沖ノ島祭祀遺跡の発掘調査から三〇年以上が過ぎた。第三次調査団長の岡崎敬先生は一九九〇年（平成二）に亡くなられ、現場の実務的な責任者であった松見守道《まつみもりみち》氏（当時出光美術館事務局長）も亡くなられた。当時のことを知る人も数少なくなった。第三次調査の出土品は第一次、第二次の出土品と合わせて二〇〇三年（平成一五）五月に国宝に指定され、現在は宗像大社神宝館に保存・展示されている。国宝の点数からいえば日本最大の数である。

この指定方式は当時としては画期的なことであった。重要な遺物だけを指定するのではなく、沖ノ島祭祀遺跡から出土した遺物は、土器片にいたるまですべて指定する方式である。遺物に優劣をつけず、すべて有機的に関係するものであるという考えからである。

これは岡崎敬先生を中心とする調査団の報告書への総合的な取り組みが大きな力となった。考古学、古代史学、神社史、地質学、動物学などさまざまな分野の研究者が加わり、本文篇、図版篇、史料篇の三部からなる大部の報告書が一九七八年（昭和五三）に出版されたのである。岡崎先生は、報告書の編集のために当時座右宝刊行会の美術編集の西田正夫《にしだまさお》氏を編集担当に迎え、完璧を期した。日本の考古学の報告書は発掘者が執筆、編集して出版するのが一般であるが、これは日本の考古学史上、画期的な試みであった。

また先生は、A・スタインの中央アジアに関する一連の報告書づくりを参考にし、一片の遺物をもおろそかにせず図版に掲載する方法をとった。遺物の整理、実測図、トレースは筆者や発掘担当者がおこなった。私事になるが筆者は大学院生時代を含めほぼ一〇年間、沖ノ島の報告書のためにすべてをそそいだのである。第一次、第二次調査の出土品の実測とトレースは原田大六氏が中心となっておこなわれた。氏の実測図は、氏の思いが込められすぎている面も感じられるが、筆者の図からみればまことに職人的な図面であり、感心させられる。

井上光貞博士との対話

第三次沖ノ島発掘調査は一九七一年（昭和四六）春をもってひとまず終了し、一九七八（昭和五三）春、『宗像・沖ノ島』として報告書がまとめられた。この報告書の完成、発掘調査の終了を記念して、一九七七年（昭和五二）秋に「宗像沖ノ島展」がおこなわれ、発掘調査三十余年の成果の全貌が公開された。

その東京会場の出光美術館で展覧会がおこなわれた際に、井上光貞《いのうえみつさだ》博士（当時、東京大学教授）に講演をお願いした。まったく一面識もなく、その著書・論文を通じて博士の研究を知っていただけであったが、とにかく当たってくだけろの心境でお願いしたところ、快く引き受けていただいた。

ところが、そのころはまだ報告書は完成しておらず、とにかくどういう発掘成果なのか、まずそれを教えてほしい、ということで、博士のご自宅へ通い、約一週間、毎日、朝から夕方まで井上博士と一対一の対話をおこなうことになった。それは対話などというものではなく、こちらが発掘調査の成果について説明し、ところどころ疑問点を出され、それをまたご説明するというものである。博士はこちらが言うことを一言も聞きのがすまいとして聞き耳をたてておられ、フン、フンとだまって聞いておられる。ところが、ところどころ「それはどういう意味ですか」という疑問を出され、何げなく使っていた考古学用語の説明に窮することがあった。

そのなかの一つに「葬祭未分化《そうさいみぶんか》」という言葉があった。これは、沖ノ島の祭祀遺跡の初期の段階の祭祀遺物が、古墳の副葬遺物とその構成がきわめて近いところから、祭祀に用いられた遺物と、墳墓に副葬された遺物が同じだということから生まれた用語である。具体的には鏡・玉類・武具類（刀・剣・矛等）などの実用品のことをさし、沖ノ島の一七号、一八号、二一号遺跡にはまさしくこうした遺物類が主体であり、いわゆる祭祀専用の遺物というものはきわめて少ない、という状況である。

考古学者の側からみれば、祭祀遺跡と古墳の遺物構成が似かよっているという事実には、そこに何らかの共通性をもつことであると考える。当然それは状況的な推測である。しかし歴史家からみれば、根本的に「葬儀」「祭儀」というものを区別して、その初期段階の祭祀がどういう状況であったかを理解しようとする。この「葬祭未分化」という表現に対し、井上博士はつぎのように説明されている。

人を葬るべき古墳におさめるものと、神を祭る祭壇にたてまつるものが同じであることは、いちおう「葬祭未分化」の状態と名づけることができるのである。(中略)私の理解を率直にいうと、〝「葬祭未分化の状態」では人の霊魂(spirits)であると、神(deities)であるとを問わず、同じやり方でそれを礼拝し、崇敬していた。これに反し、「葬祭分化」の状態にはいると、霊魂と神との区別が意識され、それぞれの領域で宗教儀礼(ritus)がおこってくる。すなわち葬儀と祭儀とが成立する〟とみたいのである(『日本古代の王権と祭祀』二二八ページ)。

すなわちこの「葬祭未分化」という状況において、「葬儀」「祭儀」があったのか、逆に未分化ということならば、「儀式」というものがまだ十分に確立していなかったと理解すべきである、というのが井上博士の解釈である。

井上博士との対話はさらにつづく。博士の沖ノ島に対する大きな関心の一つには律令祭祀の成立の時期の問題である。調査団が「半岩陰半露天祭祀」と呼んでいる七世紀後半がまさにその時期である。

すなわち、奉献された遺物は祭祀遺物が主体となり、なかでも金銅製紡織具や人形、工具、酒器のミニチュアが非常に多いのが特徴である。いわゆる葬祭未分化の状況から一変して、あきらかにセレモニーとしての儀式が確立された時期の奉献品であることを示している。これらの遺物のいくつかは「皇太神宮儀式帳」に記載されている祭具のいくつかとまったく同じなのである。

この点について、井上博士は筆者に発見遺物の年代について詳細に質問された。類例がほとんどなく、わずかに伴出遺物の土器形式から年代を引き出すほかない。そのなかで、五号遺跡出土の高坏は北部九州の七世紀代の古墳出土の高坏に近いものであり、この点を一つの根拠として調査団では、五号遺跡の年代を七世紀後半という年代に考えたのである。

このわれわれの年代から井上博士は、沖ノ島のこの時期の祭祀形態を「律令的祭祀形態」の先駆的なものとされた。それについて井上博士はつぎのように解釈されている。

図33 ● 5号遺跡の土器祭祀
B号巨岩とC号巨岩にかこまれた祭祀遺跡。大甕、長頸瓶、器台、壺、高坏が祭場の手前に破砕された状態で出土した。奥のほうには金銅製龍頭一対、金銅製品が出土した。

沖の島の祭祀遺物の語るところによると、文献的考察の上の私見と一致して、どうやら後者の場合（〃律令的祭祀〃は律令の制定以前にすでに形成され、または形成途上にあったものである）を想定することが自然のようである。すなわち、律令的祭祀形態は、七世紀末、八世紀初めに形成・完成した大宝律令の実施によってはじめて確立したのではなく、それ以前に、律令祭祀の〃先駆的形態〃なるものが存在した（前掲書二三二―二三三ページ）。

まことに切れ味のいい斬新な考えであり、説得力のある解釈である。ただし、その根拠となるのは、この遺跡が七世紀代である、ということである。われわれ考古学者はあくまで遺物を通じて、そのなかから共通項を引きだして、さらに類例を求めて年代を引きだしていく。古代史学者にとっては、われわれが設定した年代を根拠として解釈をおこなっていこうとするものである。

井上博士はその翌年春、東大を退官され、「古代沖の島」と題して最終講義をおこなわれた。井上博士の沖ノ島への関心はさらにその後もつづき、退官後新たに建設予定の国立歴史民俗博物館の初代館長として、博物館のなかの一室をつかって「沖ノ島祭祀遺跡」の復元を計画され、筆者も微力ながらそのお手伝いをさせていただいた。遺跡・遺物を原寸でレプリカをつくり、沖ノ島古代祭祀遺跡を、博物館のなかで復元しようとするものである。

さらに博士は、沖ノ島祭祀遺跡を一つのコアとした「古代祭祀遺跡に関する基礎的研究」プロジェクトチーム（一九八一～八四年）を、国立歴史民俗博物館のなかに設置され、日本の基層信仰について考古学・神話学・宗教学・民俗学・古代史学の研究者が集まって学際的に研究することになり、筆者もその一員に加えていただくことができた。遺物を主体とした考古学的な面からのアプローチだけではなく、学際的に基層信仰を考えていこうとするものである。

しかし、博士はこの創意と情熱を注ぎ込んだ国立歴史民俗博物館の開館を前にした、一九八三年（昭和五八）二月急逝された。博士の最晩年に接することができ、沖ノ島祭祀遺跡に対して、貴重なサゼッションを受けることができたことは、筆者にとっては望外の幸せであった。

2　沖ノ島と百済

沖ノ島祭祀遺跡の出土遺物で特筆すべきものは金銅製馬具である。

馬具は後期古墳を代表する副葬品で、沖ノ島では七号、八号遺跡を中心に百数十点が出土し、他の祭祀遺跡には見られない遺物である。さらにいえば、日本の祭祀遺跡で馬具が出土した遺跡は沖ノ島だけである。その意味からも沖ノ島祭祀遺跡の馬具のもつ意味は重要である。

七号、八号遺跡はいわゆる岩陰祭祀とされる沖ノ島の第二段階の祭祀遺跡である。筆者は、岩上から岩陰遺跡に移行するにしたがい祭場の面積がひろがっていくことに着目し、この段階に祭祀儀礼をともなった祭祀形態が確立したと考えた。

すなわち、沖ノ島祭祀の最古の岩上祭祀は祭儀がなく、祭祀の対象である磐座そのものへ神宝を奉献しているだけである。鏡や鉄製品、玉類などの宝物を祭祀主体である神体島にいます神へ奉納しているのである。

それに対し、七号、八号遺跡は祭祀の対象である巨岩と、巨岩にいます神への宗教行為をおこなう場、祭場が設けられたのである。この七号、八号遺跡は益田勝美《ますだかつみ》氏が『秘儀の島』で注目した遺跡である。筆者も益田氏の著に大いに刺激された。

岩陰祭祀の年代は六世紀後半と考えられている。この六世紀後半の日本の古墳遺物に注目すると、金銅製馬具が非常に多いことが特筆される。その代表的な古墳は奈良藤ノ木《ふじのき》古墳である。

藤ノ木古墳は奈良の法隆寺の西四〇〇メートルにある六世紀後半の円墳で、一九八五〜八八年（昭和六〇〜六三）に発掘がおこなわれ、金銅製鞍金具をはじめとして金銅製の冠《かんむり》、履《くつ》、装身具、大帯《おおおび》などすばらしい副葬品が出土した。聖徳太子の上宮王家《じょうぐうおうけ》につながる大王家の一族が被葬者ではないかとも推測されている。

筆者は、法隆寺に近接した地に築かれた古墳であり、百済・新羅系の遺物が主であることから、渡来系の王墓の可能性もあるのではないか、と考えている。

とにかく副葬品は破格の内容である。とりわけ鞍金具は禽獣《きんじゅう》・鬼神《きしん》の透彫りを施し、金粒で縁どりした大きな藍色ガラス玉がはめ込まれている。冠や飾履《しょくり》も、日本では江田船山《えたふなやま》古墳をはじめとして十数例出土しているだけである。金銅冠も王墓にふさわしい副葬品である。

藤ノ木古墳の出土品に共通しているのは百済・新羅系の金銅製品であることである。新羅や百済の王墓では、金冠と飾履は必ずといっていいほど出土している。このほか鴨稲荷山《かもいなりやま》古墳をはじめとして、近畿地方の六世紀後半の大古墳の副葬品には百済系の金銅製馬具が非常に多い。

沖ノ島出土の金銅製馬具はすべて百済・新羅地域産のものである。沖ノ島の金銅製馬具の奉

図 34 ● 金海大成洞 29 号古墳の土器と鉄製品の副葬状態
古墳は伽耶国領内にある。3 世紀末の木槨墓で、板状鉄斧をはじめ
大量の鉄製品が出土している。

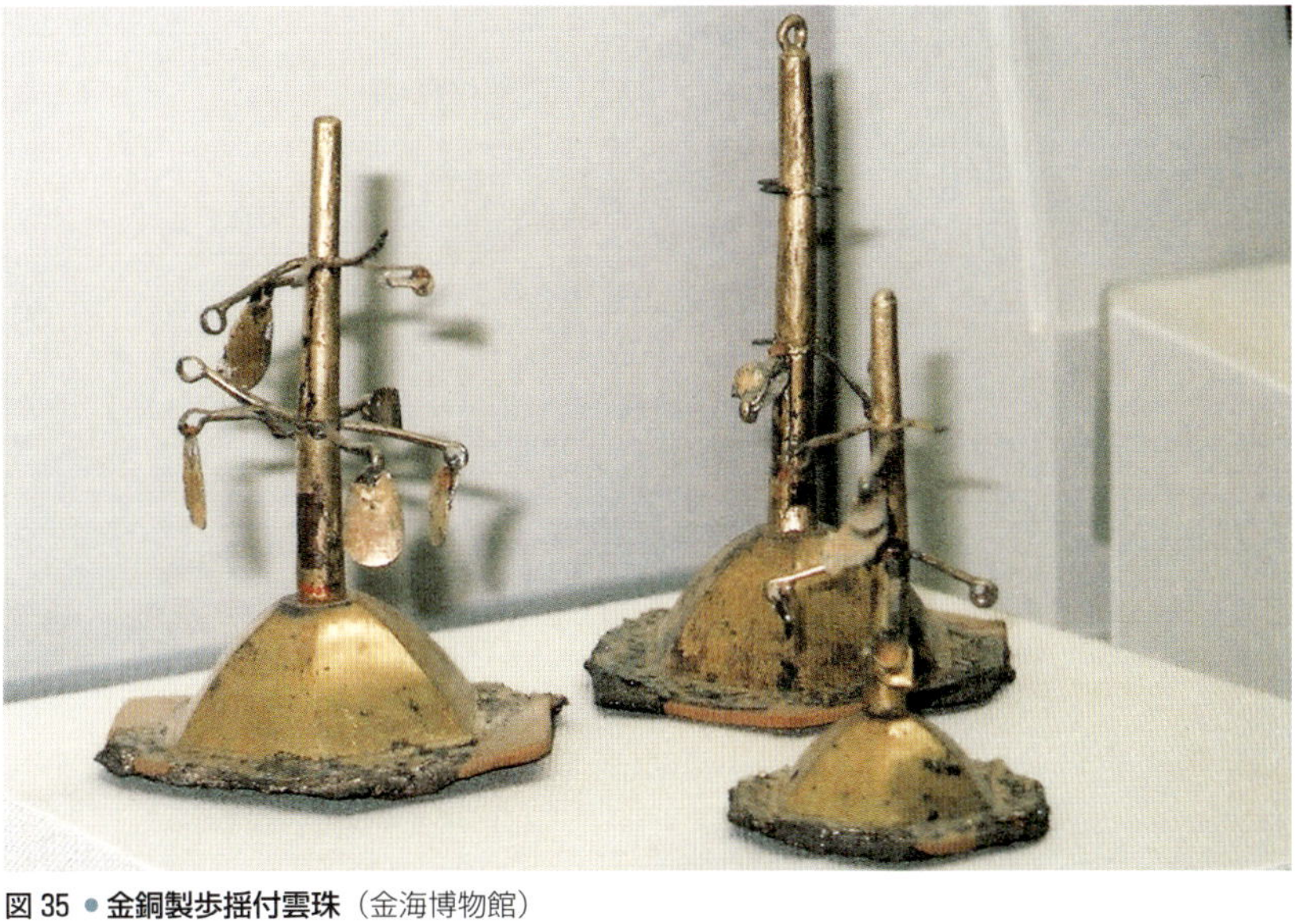

図 35 ● 金銅製歩揺付雲珠（金海博物館）
伽耶、百済時代の副葬品は沖ノ島の出土品と共通する遺物が多い。
この雲珠も同じものが沖ノ島 7 号、8 号遺跡で出土している。

献も畿内王墓が競って百済・新羅産の金銀製の装身具、金銅製馬具を副葬したというこの時代の流れのなかでとらえなければならないだろう。

百済系の遺物には四～五世紀には鉄鋌や鉄斧などの鉄製品が多く（図34）、六世紀になると金銅製馬具が非常に多くなる（図35）。それは近畿地方を中心とした地域に集中している。沖ノ島の奉献品に金銅製馬具も多くなるのは当然である。

3　金銅製龍頭の発見と伝来

第三次発掘調査の最大の発見は「金銅製龍頭」である。この金銅製龍頭の発見談は『沖ノ島Ⅰ　宗像大社沖津宮祭祀遺跡昭和44年度調査概報』のなかにくわしく述べられているが、まことに劇的な発見であったようである。

発見された金銅製の龍頭（図36）は一つではなく、一対である。ほぼ同じ大きさ、同じ形であるがディテールが少し異なる。一つは長さ二〇センチ、高さ一〇・二センチ、重量一六四五グラムであり、もう一つは長さ一九・五センチ、高さ一一・三センチ、重量は一六七〇グラムである。長い上唇の先端は少し内側に折れ、両の唇の間には鉄心が入っている。ただ一方は鉄心を入れる孔だけが残っている。頭角は一本で、湾曲し後端は龍頭の背についている。ちょうど把手のような形態をなしている。大きな牙が左右に一本ずつつき、前後に二本ずつの小さな牙がついている。腹は蛇腹状をなし、側面後部には歯のようなものが表現されている。一方は

図 36 ● 金銅製龍頭

5 号遺跡の奥で向かい合うようにして出土した。ほぼ同形であるが、細部が異なる。旗竿の頭に飾られたものか。新羅産と考えられ、古代の日本と朝鮮の交流を象徴する遺物である。

歯が五つあり、一方は歯が六つあらわされている。後端は円筒状を呈し、左右に目クギ孔が一つずつある。龍頭のなかは空洞になっており、円筒を通してなかに何かを差し込むようにして用いられたものである。全面に鍍金が施されており、重厚な金色を発している。まったく類例のないものであり、用途についてもはっきりしない。日本のものなのか、中国製なのか、それとも朝鮮製なのか。

この金銅製龍頭について最初に解釈を加えたのは、中国美術研究家の杉村勇造《すぎむらゆうぞう》氏である。

(1)龍の形式は山西省大同の雲崗石窟の佛龕《ぶつがん》に彫刻された北魏時代の龍の形式に酷似するものであり、この龍頭も五世紀後半から六世紀初頭の中国の作である。

(2)中国では旗幟《はたさしもの》類の竿頭に金銅製龍頭を用いることがある。この龍頭の先端にも鈎《かぎ》の残欠とおもわれるものが残っており、後端は竿を差し込むために筒状になっており、これを旗首と考えることができる。

報告書においても岡崎敬先生は杉村氏の説をとっており、私も大綱においてまず間違いのない説であると考えている。ただ製作が中国である、ということについては、いささか疑問がある。

一九八三年(昭和五八)に東京・名古屋・福岡で開催されれた「韓国古代文化展」で、新羅時代の文物を中心とした展示がおこなわれ、龍頭も二点出品されていた。

一つは慶州の雁鴨池出土の一対の金銅製龍頭である。二つとも同じ型によって製作され、青銅の上に鍍金が施されている。長さ一五センチ、高さ一〇・五センチで、なかは空洞となっているが、沖ノ島の龍頭のように後端が円筒状にはなっておらず、龍頭の耳の下の左右に目クギがある。上唇と下唇の間に舌があり、上向きに折れ曲がっており、ここに何かをひっかけることができるようになっている。沖ノ島出土の龍頭と用途が類するものであることは考えられるが、龍それ自体の形式はかなり異なる。

もう一例出品されていた「金銅製龍首竿頭《りゅうしゅかんとう》」（図37）は、一九七六年、慶尚北道栄州市で発見されたもので、韓国国立中央博物館の新羅時代展示室に展示されているものである。高さ六五センチの巨大なものであり、首を持ちあげ、太くて長い頸部が龍首と直交するように下にのびている。長い上唇の先端は折れ曲がっており、ひらいた口の上下には半円形の歯が上下にあらわされ、上唇の間からは大きな牙が上にのびている。龍の頭部には鶏冠があり、頭部や背にはタテガミが後ろになびいている。

私はこの巨大な龍頭金具を見た時、沖ノ島出土の金銅製龍頭と近いのにおどろいた。大きさこそ違うが、龍の唇の形、眼球の上の鶏冠状の飾り、さらに加えて鶏冠と龍眼の間に施されたヒョウタン形の刻線文様はまさに沖ノ島の龍頭にそっくり

図37 ● **金銅製龍首竿頭**（大邱博物館、レプリカ）
慶尚北道栄州市出土。高さ65cm。
本品は韓国国立中央博物館にある。

であり、製作者もきわめて近いものではないかと考えた。

ただ栄州市出土の龍首の先端は鉄鈎がなく、滑車で旗を垂らすものであることは沖ノ島と異なる。さらに大きさがかなり異なることは認めなければなるまい。ただそれは用途の違いであり、栄州市出土の龍首は、建物の前庭に設置された一対の大旗竿の旗頭に飾られたものだろうし、沖ノ島の龍頭は小ぶりで、移動用の旗竿の頭にそなえつけられたものである。

実際に二つを並べて観察したわけではないが、沖ノ島出土の龍頭の製作地を考えるうえではもっとも重要な例であるといっていいだろう。

この龍頭が発見された五号遺跡は年代の決定が困難な遺跡であり、いろいろな時代の遺物が混在している。後に述べる唐三彩は盛唐期の作であり、七世紀末の遺物である。同時に出土した須恵器や土師器などは、北部九州における終末期古墳出土の形式であり、七世紀後半のものである。金銅製龍頭については杉村氏は七世紀初頭の作であるとされたが、統一新羅の作と考えれば、七世紀後半から八世紀と考えなければならない。

つぎの『日本書紀』欽明天皇二三年の記述も、沖ノ島の龍頭が中国製ではなく、朝鮮製であることの可能性を強くする記事である。

欽明天皇二十三年八月（西暦五六二年）、大伴連《おおとものむらじ》狭手彦《さでひこ》が百済とはかり、高句麗を伐ちやぶり、高句麗の宮室より、「珍宝賄賂《たからもの》・七織《ななおり》の帳《とばり》・鉄屋《くろがねのいえ》」を得て、もち還った。「七織の帳」を天皇に奉献し「甲《よろい》一領・金飾刀《こがねづくりのたち》二口・銅鏤鐘《あかがねのえりたるかね》三口・五色《いついろ》の幡《はた》一竿」と美女《をみな》媛《ひめ》と吾田子《あたこ》を蘇我稲目宿祢《そがのいなめのすくね》に送った。

沖ノ島の龍頭二つが、大伴狭手彦が高句麗王宮から持ち帰った五色幡の上にとりつけられていたかどうかは、断言できないことは当然である。しかし、韓国雁鴨池からの一対の金銅製龍頭の出土例、さらに加えて、慶尚北道栄州出土の巨大な金銅製龍首竿頭などから考えて、沖ノ島に奉献された二つの金銅製龍頭は何らかの事件、もしくは行事によって朝鮮半島から伝わったことはまず否定できないところである。ただ杉村氏は金銅製龍頭が中国から高句麗に伝わったとするが。

偶然のきっかけで発見された二つの金銅製龍頭の秘める歴史の謎の解明は容易ではない。しかし、千数百年をへてたしかに沖ノ島が古代史上において重要な位置を占めていたことは断言できる。

4　カットグラスの伝来ルートは

沖ノ島の八号遺跡から二片のカットグラス碗の破片が出土している（図39）。気泡のある半透明の肉厚のカットグラス片で、表面には円文の突起装飾がめぐらされている。宗像大社文化財管理事務局の重住真貴子《しげずみまきこ》氏の復元によれば、二段の円文をめぐらせた円碗である。深井晋司《ふかいしんじ》博士はイランのギラーン地方で製作されたササン・ペルシア系のガラス碗であり、正倉院、伝安閑《あんかん》天皇陵出土の白瑠琉碗《はくるりわん》と同じものであるとされた。

日本の古墳から出土したガラス容器は、新沢千塚《にいざわせんづか》一二六号墳の藍色ガラス碗とガラス皿があるだけで、出土例はきわめて少ない。それに対し韓国の慶州を中心とした新羅時代の古墳からは、ローマンガラス、ササン・ペルシア系のガラスが数多く出土している。早乙女《さおとめ》雅《まさ》博《ひろ》氏によれば、天馬塚、皇南大塚、金冠塚をはじめとして二二点出土例がある。そのほとんどはローマンガラスであり、「ユーラシア大陸北方のステップ地帯を通る北方ルートで新羅に入って」きた可能性が強いという。新沢千塚一二六号墳の藍色ガラス碗はこのローマンガラス系である可能性がある。

　それに対し、沖ノ島のカットグラスはササン・ペルシア系のガラスである。ササン・ペルシア系のカットグラスはローマンガラスより一世紀後の五、六世紀のものであり、ローマンガラスとは伝来の経緯は

図 38 ● 浮出切子碗（岡山市立オリエント美術館蔵）
円文突起装飾のガラス碗。伝イラン・ギラーン州出土。これと同形のガラス碗（高さ 8 cm、口径 9.5cm）が李賢墓から出土している。

図 39 ● 8 号遺跡出土のカットグラス碗の破片（同一個体）
ササン・ペルシア産。中国寧夏回族自治区固原県の王陵から類品が出土しており、中国から新羅を経由して日本に伝来した可能性がある。

異なることが考えられる。

沖ノ島のカットグラスにもっとも近いものは、中国寧夏回族自治区固原県李賢墓出土の浮出《うきだし》円形《えんけい》切子《きりこ》碗《わん》である。李賢墓は天和四年（五六九）銘の墓誌が出土しており、カットグラス碗とともにササン・ペルシア系の銀製把手付水瓶やラピスラズリ石の入った指輪等が出土している。固原地方は中央アジアにルーツをもつ遊牧民族、ソグド人の故地であり、李賢墓出土のササン・ペルシア系の文物もステップルートを通じてもたらされた可能性がきわめて高い。

さらにいえば、李賢墓ではガラス碗だけでなく複数のササン・ペルシア系の文物が出土している。中国の山西省の鮮卑系の古墳からもササン・ペルシア系の銀器がいくつか出土しており、五〜六世紀、ステップルートを通じてこうしたササン・ペルシアを中心とした西方系文物が流入していたことがうかがえる。沖ノ島八号遺跡出土のカットグラス碗の流伝も、アジア大陸のこうした流れのなかで考えるべきものである。おそらく近畿地方の大王家に伝来し、沖ノ島に奉献されたものであろう。

5　沖ノ島と韓国の西海岸、竹幕洞遺跡

最近、韓国の釜山、扶余《プヨ》、慶州、公州を旅行する機会があり、韓国南部の百済時代の遺跡から日本系の祭祀遺物が数多く出土していることを知った。それは土製や滑石製の祭祀遺物である。その代表的な遺跡は扶安《プアン》竹幕洞《チェクマクドン》祭祀遺跡である（図40）。

竹幕洞遺跡は韓国の西海岸、全羅北道扶安の辺山《ピョンサン》半島の突端にある。半島の突端の平坦な地に設けられ、三国時代の硬質陶器、鉄鉾、鉄剣、鉄刀、鉄斧、挂甲小札、金銅製馬具（鞍金具、杏葉）、銅鏡、中国陶磁、石製模造品（剣形品、有孔円板、刀子、短甲、鎌、鈴、鏡、勾玉）、土製模造品（人物、馬）などが出土している（図41）。四世紀後半から六世紀の祭祀遺跡と考えられている。

韓国国立民俗博物館に竹幕洞遺跡の復元ジオラマが展示されている。それによれば、海に面した平坦な地に土器をならべ、石製模造品は祭場の脇の大樹の枝につるしている。大樹はすなわち「ひもろぎ」である。海に突き出した半島の突端、そこでおこなわれた祭祀は、航海の安全のためのまつりごと、もしくは漁業の安全を祈願しておこなわれたまつりごとだろう。遺物の質・内容はきわめて高いものであり、民間の祭祀遺跡ではなく、国家的な規模の祭祀がおこなわれたと考えられる。古代日本と同じ祭祀が百済の地でおこなわれたのだろうか。

石製模造品はまさに日本の祭祀遺跡から出土するものと酷似する遺物であり、日本製品と考えてよいものである。猪熊兼勝《いのくまかねかつ》氏によれば、竹幕洞遺跡の石製模造品は滑石製ではなく頁岩《けつがん》である可能性があるという。その点において違いがあるが、形態は日本のものとまったく同じであり、百済国内の材を用いて、倭人がつくった祭具と考えられないだろうか。滑石製模造品の

図 40 ● 竹幕洞遺跡
韓国西海岸、扶安の辺山半島の先端に遺跡がある。
航海にかかわる祭祀がおこなわれた。4～6世紀。

なかの短甲形は、宗像大社の高宮祭場《たかみやさいじょう》（図42）から出土しているものとまったく同じである。

また、韓国の西海岸から南の釜山・金海の地域には、小型の土製品（壺、勺、高坏、杯）が数多く出土しており、これは三輪山祭祀遺跡などで出土している、いわゆる手づくね土器と同じものである。

手づくね土器と滑石製模造品、こうした日本的な遺物が韓国の西海岸、南海岸地域に集中して出土していることをどう考えるべきであろうか。

沖ノ島と竹幕洞遺跡、二つの遺跡は古代の大陸への航行上のルート沿いにあり、祭祀の主体者、祭祀の目的はおそらく同じであろう。竹幕洞の祭祀の主体者が日本であれば滑石製品の説明は可能であるが、硬質陶器は百済時代の特色をそなえたものであり、さらにいえば竹幕洞の祭祀が硬質陶器を中心におこなわれたと考えられるならば、祭祀の主体は百済である。

図41 ● 竹幕洞遺跡出土の滑石製品
斧形、刀形、剣形、有孔円板、短甲形の滑石製模造品。短甲形は宗像辺津宮の高宮祭場から出土しているものに似ている。

沖ノ島の祭祀について、日本側の研究者はあくまで日本、具体的には大和朝廷、それを代行した宗像氏がとりおこなったと考えている。おそらくそれは正しいであろう。しかし、竹幕洞祭祀遺跡の発見は、沖ノ島祭祀のこれまでの考えに新たな要素、すなわち百済側とのかかわりを検討することを求めている。

玄界灘の沖ノ島になぜ、祭祀遺跡が存在したのか。これまでは日本側から、沖ノ島祭祀遺跡を大和朝廷の大陸進出のための特別な存在として考えていた。しかし、同じ内容の祭祀遺跡が韓半島で発見されたことにより、沖ノ島を含めひろい範囲で再検討する必要がでてきた。

古代の百済と日本で同じ形態の遺跡が存在することを日本の祭祀が百済に伝播したと考えるべきだろうか。かつて金元龍先生が韓・日で同じような祭祀があったのではないかといわれたのが印象的である。

最近、韓国側で古代の日本と韓半島の交流を正面からとりあげようとする動きがあることに注目した

図 42 ● 高宮祭場
宗像大社辺津宮の境内、南側にある。下高宮、上高宮があり、周辺から滑石製の人形、馬形、玉、土器が出土している。沖ノ島の1号遺跡出土の滑石製形代と似ており、奈良時代にここでも祭祀がおこなわれたと考えられる。

い。その一つが一九九九年に韓国国立中央博物館でおこなわれた「百済展《ペクチェ》」である。その中心となるのは武寧《ムリヤン》王《ワン》陵である。百済の武寧王陵は一九七一年に発掘がおこなわれ、武寧王と王妃の遺骸と墓誌、多彩な遺物が出土した。

武寧王の生前の名は「斯麻王《しまおう》」といい、古代の日本ともきわめてかかわりの深い王である。王陵からは金銅製の冠、飾履、カンザシ、金製の耳飾りや釧、獣帯鏡、方格規矩鏡、中国陶器（白磁碗・青磁瓶）などが出土した。墓誌によれば武寧王は癸卯年、五二三年に没している。武寧王陵の飾履や金冠は奈良藤ノ木古墳に通ずるものであり、六世紀前半の百済と日本の関係の深さをうかがわせる。

扶安竹幕洞遺跡の日本系の祭祀遺物も、こうした百済と日本との交流のなかにとらえてみるならば、竹幕洞遺跡の祭祀に日本人も参加していたと考えることもあながち無理な考えではないだろう。韓半島南部に居住した倭人が、日本本土から韓半島西海岸を通過して大陸に向

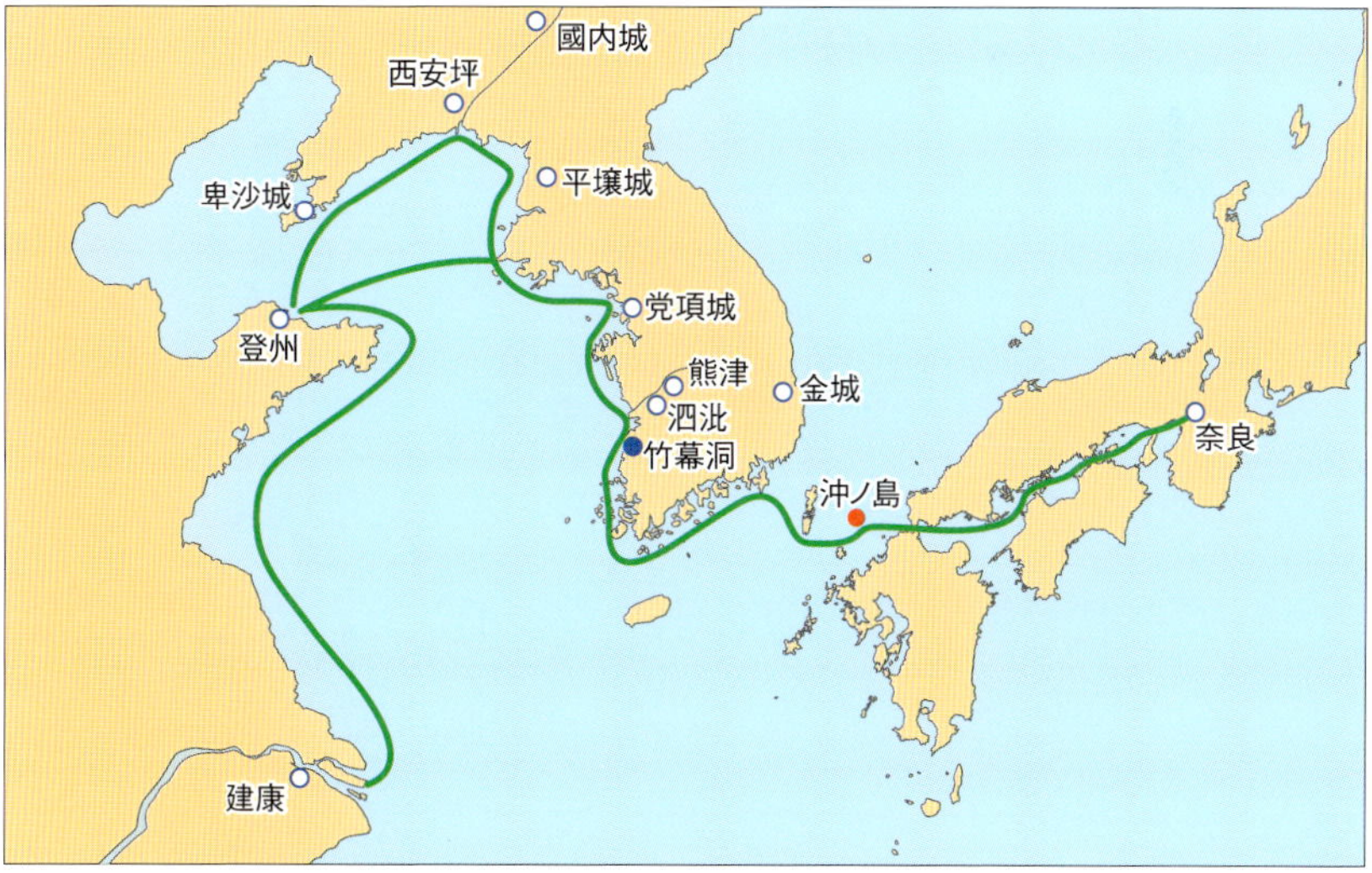

図43 ● 竹幕洞遺跡と沖ノ島
緑の線は遣唐使の航路。この北路は第1次から第6次（天智8年）まで使われ、それ以降は南路にかわる。

かった船団の航行の安全を祈願しておこなったまつりの跡が竹幕洞遺跡であったのではないだろうか。

6 唐三彩の発見と伝来

唐三彩の発見

唐三彩の最初の発見は一九五四年（昭和二九）に発掘された第七号遺跡で、破片が二片見つかった。一つは幅四センチ弱、一つは幅一センチの小片で、緑と白と褐色の釉薬が白い素地の上に筋状にかけられていた。当時、日本の遺跡からは唐三彩は発見されておらず、まして中国の陶磁器が日本の遺跡から出土することには今日ほど強い関心がもたれていなかった。

その後一五年を経た第三次調査で、五号遺跡から、口縁部の破片七片、胴部に貼りつけたメダイヨン（貼花文《ちょうかもん》）の破片九片、頸部の破片と底部の破片一片の計一八片（図44）が見つかった。

口縁部の破片は七号遺跡出土の二片とピタリ接合した。きめの細かい白土の上に緑、褐色、白の三つの釉薬がかけられ、口縁部の内側は花弁形に釉がかかり、花芯には褐釉がかけられている。復元すれば口縁径八・六センチの唐三彩の瓶であり、胴部には宝相華文のメダイヨンが飾られたすばらしいものであることがわかった（図45）。

この唐三彩は中国国外ではじめて出土が確認されたものである。小山富士夫氏や岡崎敬氏らの研究で、山西省太原市金勝村唐墓から出土した唐三彩長頸瓶（高さ二四・〇センチ）が沖ノ島のものにもっとも近いものであることが明らかとなった。

日本での唐三彩出土の例は一九六六年（昭和四一）秋、奈良県奈良市の大安寺講堂址から出土した三三個体分の陶枕《とうちん》をはじめとして五〇例ほどが確認されている。大安寺のものは約一五センチの長方形の箱形の枕で三彩や絞胎などがあり、すべて火災を受けている。釉は表面がこげており、原形を保つものは一点もない。一つの遺跡から唐三彩が三三個体も出土しているのは、きわめてめずらしいことであり、中国でもあまり例のないことである。南都七大寺の名刹の一つである大安寺は飛鳥の大官大寺を平城京に遷した寺であり、七一八年（養老二）に帰国した入唐学問僧の道慈《どうじ》が中心となり、七二九年（天平元）に造営した寺である。この陶枕は、入唐僧道慈が将来したものではないかと考えられている。

韓国では慶州で唐三彩が二例出土している。一例は

図 44 ● 唐三彩長頸瓶の口縁部分
左端の２片が７号遺跡出土、ほかは５号遺跡出土である。本来は５号遺跡に奉納されたものである。７世紀後半〜末の作と考えられる。

慶州市朝陽洞野山の麓で、石櫃のなかに唐三彩の鍑《ふく》がおさめられていた。慶州の国立博物館でこの鍑と石櫃をみたが、口には褐釉がかかり、体部には藍釉がかかったすばらしい発色であり、獣脚の一つが欠けているほかは完全な状態であった。鍑の内底には白い骨片状のものが付着しており、蔵骨器として用いられたものである。もう一例は慶州の皇龍寺址から出土しており、唐三彩の陶枕である。皇龍寺址は新羅時代の最大の寺院で六四五年（善徳王一四）に造営は完成した。塔心礎からは、隋から初唐代のものと考えられる白慈蓋付壺や唐鏡が出土している。

さてこの唐三彩が、いかにして日本に伝来し、沖ノ島に奉献されたのだろうか。中国では唐三彩はほとんど墳墓のなかから出土しており、死者に供する明器として製作されたものである。あくまで生活に供する陶磁器は青磁、白磁であり、耐久性の弱い軟陶の唐三彩はとても実用には耐えられない陶器である。

図 45 ● **唐三彩長頸瓶完形品**（東京国立博物館蔵）
高さ 25.4cm。沖ノ島出土の唐三彩を復元すればこのような形であったと考えられるが、完器で奉納されたかどうかは定かではない。

沖ノ島の唐三彩と壱岐双六古墳の白釉緑彩碗

この唐三彩の年代について岡崎敬先生は、八世紀初頭、第七次（大宝元年、七〇一）、第八次（霊亀二年、七一六）遣唐使によって将来された可能性が高いと述べられている。

その後筆者は唐三彩についていくつかの論文を発表し、沖ノ島の唐三彩の年代、流伝についても考えてみたことがある。かいつまんでいえば、沖ノ島の唐三彩は七世紀後半の作であり、遣唐使ではなく新羅を経由して伝えられた可能性が高いということである。岡崎説より半世紀ほど古くなることになり、遣唐使将来説も再検討しなければならなくなったのである。

沖ノ島発掘の後、三重縄生廃寺《なおはいじ》（三彩碗）、奈良御《ご》坊山《ぼうやま》古墳（白釉緑彩《はくゆうりょくさい》碗）、飛鳥山田寺址（三彩壺）、群馬多田山《ただやま》古墳（三彩枕）など七世紀代の遺跡から唐三彩の出土例が報告されている。中国側の唐三彩の新しい見解でも、唐三彩は八世紀前半ではなく七世紀中葉前後に完成したとする説が有力である。

そうしたなかで二〇〇一年、壱岐島の双六《そうろく》古墳から白釉緑彩碗片が出土したことはまことに興味深いことであった（図46）。双六古墳は全長九一メートルの壱岐最大の前方後円墳で、巨大な横穴式石室をもつ。古墳からは金銅製大刀柄頭、金銅製馬具、ト

図 46 ● 壱岐双六古墳出土の白釉緑彩碗片
双六古墳は壱岐最大の６世紀末の前方後円墳。碗は白釉と緑釉がかけられ、連珠文装飾がめぐらされている。下は底部片である。

ンボ玉とともに、新羅土器と白釉緑彩碗の破片が十数片出土した。白釉緑彩碗はほぼ一個体をなすものであった。径約八センチ、高さ約七センチの小さな円い碗で、胴に連珠文が貼りつけられている。北斉～隋代のものであり、素地は白く、唐三彩に先行する六世紀後半の鉛釉《えんゆう》陶器である。中国の山西省、河南省、河北省でも数例の出土が知られている。さらに韓国慶州の雁鴨池から二片出土している。雁鴨池のものは緑釉碗で、胴に円文が横方向にめぐらされたものであるが、双六古墳のものと同時期か若干降る時期のものである。飛鳥の石神遺跡からも同形の緑釉片が出土している。いずれにしても双六古墳の白釉緑彩碗は日本出土の最古の中国産の二彩陶器である。双六古墳は六世紀後半～末であるが、追葬の可能性もあり、双六古墳に副葬されたのは七世紀初めに降ることも考えられる。

この双六古墳の白釉緑彩碗の将来について大和朝廷からの下賜品ではないか、とする説もあるが、筆者は百済、もしくは新羅から直接、壱岐王に与えられた可能性が高いのではないかと考えている。中国産の小碗が六世紀後半大和朝廷に伝えられ、壱岐の王に下賜されたという考え方は、舶載品はすべて近畿の王家が独占して地方の王家に分与されたという三角縁神獣鏡の分与論に象徴される考古学のこれまでの伝統的な考えである。同じものが韓半島にあり、その至近の地である壱岐の王にプレゼントされたとするほうが自然ではないだろうか。

壱岐双六古墳出土の白釉緑彩碗の伝来の経緯をそう考えれば、沖ノ島出土の唐三彩も大和の地にあって宮廷から沖ノ島に奉献されたという考えもなりたつが、玄界灘を支配した宗像氏に伝わった可能性も今後の考えの一つに加えてよいのではないだろうか。

7　沖ノ島と飛鳥

宗像の地で最大級の横穴式石室をもつ宮地獄《みやじだけ》古墳の被葬者について岡崎敬先生は、宗像君《むなかたのきみ》徳善《とくぜん》ではないか、とする興味深い説を『宗像・沖ノ島』のなかで述べられている。

宗像君徳善については『日本書紀』天武天皇二年（六七三）条に、天武天皇が胸形君徳善の女・尼子娘《あまこのいらつめ》を後宮に入れ給い、高市皇子《たけちのみこ》を生んだという記述がある。また『類聚三代格』神社本の項に、高市皇子が大和国城上郡《しきがみのこおり》外山《とび》（奈良県桜井市外山）の宗像神社の神舎を修理したという記載がある。高市皇子は壬申の乱で天武側につき、戦乱を勝利にみちびいたプリンスである。天武二年、天武は飛鳥浄御原《あすかきよみはら》宮で即位し天皇となっている。このように宗像氏は飛鳥時代、天武・持統朝ときわめて深いかかわりをもっていた氏族であることがわかる。

泉谷康夫《いずみややすお》氏は「胸形三神は天武以降の信仰と深くかかわりをもつ神」であり「天武朝以降の日神信仰には宗像社の影響がきわめて大きい」と述べておられる。奈良城上外山の宗像神社はいまは小さな神社であるが、大和から伊勢に向かう重要な地にあり、近くには外山茶臼山《とびちゃうすやま》古墳という大和を代表する古墳時代前期の前方後円墳が築かれている。

宮地獄古墳は現在、宮地獄神社の境内にある。同古墳からは頭椎大刀《かぶつちのたち》、金銅製馬具（鏡板、杏葉、鞍金具、壺鐙）、佐波理碗《さはりわん》・盤《ばん》とともにガラス板（一七・七×一〇・七センチ、厚一・五センチ）が出土している。このガラス板については早くから注目され、丸玉などガラス製品の素材ではないかと考えられた。なぜ、宮地獄古墳にガラス板が副葬されたのか。ガラス板は日本製であるのか、それとも百済製であるのか。宗像の奥津城《おくつき》である宮地嶽古墳から出土したガラスはじつに興味深いものがある。

宗像氏とガラスの接点を示す遺跡が、奈良の飛鳥池の工房址ではないか。飛鳥池遺跡は一九九七年から三カ年にわたって発掘調査がおこなわれ、天武朝の大規模な官営工房であることが確認された。工房は南地区と北地区にわかれ、南地区では金・銀・銅・鉄製品の工房に加えガラス工房が検出された。ガラス工房址からはさまざまな色ガラス（鉛ガラス）とともにガラス塊、ルツボなども検出されている。飛鳥池工房の南側の丘には酒船石《さかふねいし》遺跡、亀形石槽があり、工房の北には飛鳥寺の南面大垣がつづく。酒船石や亀形石槽は庭園の流水施設であり、新羅雁鴨池にまったく同じ遺構がある。飛鳥池の情景は、はるか新羅の地の雁鴨池そのものであり、工房の作業に従事したのも百済・新羅の地から渡来した工人である可能性がつよい。

この飛鳥池のガラス工房と似た遺構が百済の益山弥勒寺で発見されている。弥勒寺は七世紀代、百済を代表する寺院であり、広大な寺域のなかに巨大な伽藍石塔がいまも残っている。この弥勒寺からガラス板とルツボが出土している。おそらく飛鳥池のガラス工房も、百済からの工人の渡来によって運営されていたと考えていいだろう。

韓半島と大和をつなぐ接点の位置にある玄界灘の大王族である宗像君がガラス板を所有していたことは、宗像氏が百済と飛鳥をつなぐ重要な役割をになっていたことを示すものである。そして沖ノ島は、古代日本と百済の交流の象徴的な存在であった。沖ノ島の祭儀は、飛鳥の朝廷にとってもっとも重要な祭儀であったのである。

宗像大社（辺津宮）

・福岡県宗像市田島２３３１
・電話０９４０（62）１３１１
・ＪＲ鹿児島本線東郷駅下車、西鉄バス神湊経由福間行または神湊行で10分、「宗像大社前」下車すぐ
・九州自動車道若宮IC約20分、古賀IC約25分（駐車場有）

宗像大社辺津宮本殿（左）と拝殿（右）

宗像大社は、天照大神と素戔嗚尊の誓約（うけい）によって誕生した宗像三女神を祀る社で、玄界灘のただ中にある沖ノ島の沖津宮に田心姫神（たごりひめのかみ）を、神湊から北西11キロの海上にある大島の中津宮に湍津姫神（たぎつひめのかみ）を、そして宗像市田島の辺津宮に市杵島姫神（いちきしまひめのかみ）をそれぞれ祀り、これら三宮を総称して宗像大社という。辺津宮は、古くから三宮の総社として数々の祭祀をおこなっており、本殿と拝殿は重要文化財に指定されている。また境内には、社殿を構えない古代の祭場の姿を復元した高宮祭場や神宝館がある。

神宝館

・開館時間＝９：00〜16：30（入館は16：00まで）
・休館日＝年中無休
・入場料＝大人８００円　高校・大学生５００円　小・中学生４００円
20名以上の団体（一括支払いに限る）、65歳以上の方は２００円引き

辺津宮境内の一角に建てられており、国宝・重要文化財に指定されている沖ノ島祭祀遺跡出土の約12万点におよぶ神宝が保管・展示されている。鏡、カットグラス碗、金銅製高機、金銅製龍頭、唐三彩、滑石製形代など重要な神宝を常時見学することができる。また解説ビデオも放映しており、神体島・沖ノ島について深く理解することができる。

神宝館

遺跡には感動がある

――シリーズ「遺跡を学ぶ」刊行にあたって――

「遺跡には感動がある」。これが本企画のキーワードです。

あらためていうまでもなく、専門の研究者にとっては遺跡の発掘こそ考古学の基礎をなす基本的な手段です。また、はじめて考古学を学ぶ若い学生や一般の人びとにとって「遺跡は教室」です。

日本考古学では、もうかなり長期間にわたって、発掘・発見ブームが続いています。そして、毎年厖大な数の発掘調査報告書が、主として開発のための事前発掘を担当する埋蔵文化財行政機関や地方自治体などによって刊行されています。そこには専門研究者でさえ完全には把握できないほどの情報や記録が満ちあふれています。しかし、その遺跡の発掘によってどんな学問的成果が得られたのか、その遺跡やそこから出た文化財が古い時代の歴史を知るためにいかなる意義をもつのかなどといった点を、莫大な記述・記録の中から読みとることははなはだ困難です。ましてや、考古学に関心をもつ一般の社会人にとっては、刊行部数が少なく、数があっても高価なその報告書を手にすることすら、ほとんど困難といってよい状況です。

いま日本考古学は過多ともいえる資料と情報量の中で、考古学とはどんな学問か、また遺跡の発掘から何を求め、何を明らかにすべきかといった「哲学」と「指針」が必要な時期にいたっていると認識します。

本企画は「遺跡には感動がある」をキーワードとして、発掘の原点から考古学の本質を問い続ける試みとして、日本考古学が存続する限り、永く継続すべき企画と決意しています。いまや、考古学にすべての人びとの感動を引きつけることが、日本考古学の存立基盤を固めるために、欠かせない努力目標の一つです。必ずや研究者のみならず、多くの市民の共感をいただけるものと信じて疑いません。

二〇〇四年一月

戸沢充則

著者紹介

弓場紀知（ゆば・ただのり）

1947年、奈良県生まれ。

1973年、九州大学大学院文学研究科修士課程修了。

出光美術館学芸課長、京都橘大学教授、兵庫陶芸美術館副館長等を歴任。

2022年、逝去。

主な著作　『宗像・沖ノ島』（共著）吉川弘文館、『海の正倉院　宗像沖ノ島』平凡社、『平凡社版中国の陶磁③　三彩』平凡社、『世界美術大全集東洋篇5　五代・北宋・遼・西夏』（共著）小学館ほか。

写真提供（所蔵）
宗像大社：図4・11・13・24・27・28・29・30・31・36・39・44
宗像大社所蔵・秀巧社印刷株式会社提供：図8・13（真珠玉）・25・32
国立歴史民俗博物館：図6
岡山市立オリエント美術館：図38
東京国立博物館：図45
上記以外は著者提供

シリーズ「遺跡を学ぶ」013

古代祭祀とシルクロードの終着地　沖《おき》ノ島《しま》

2005年 3月 10日　第1版第1刷発行
2024年 5月 10日　第1版第3刷発行

著　者＝弓場紀知

発　行＝新 泉 社

東京都文京区湯島1－2－5　聖堂前ビル
TEL 03（5296）9620 ／ FAX 03（5296）9621
印刷／太平印刷社　製本／榎本製本

ISBN978－4－7877－0533－4　C1021